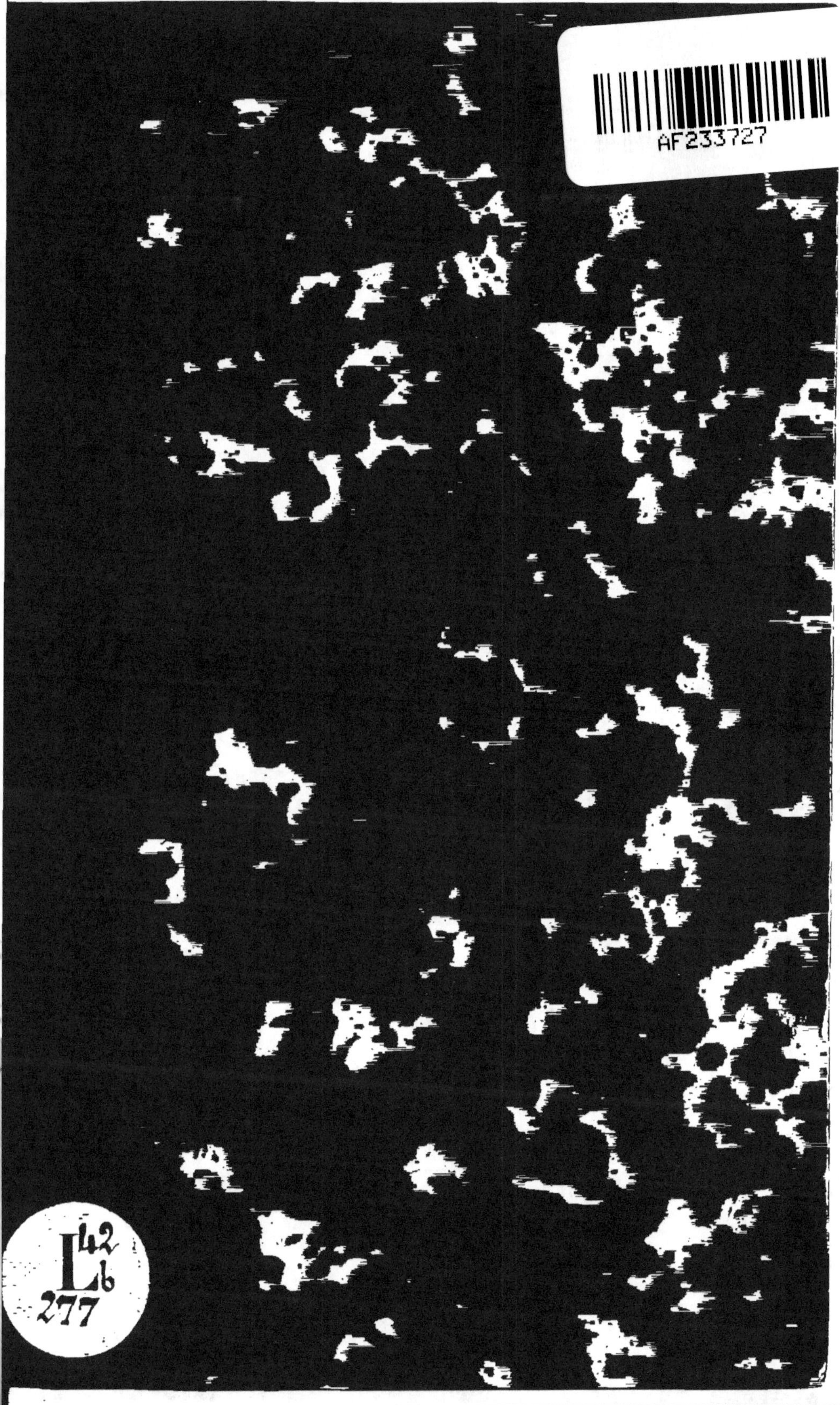
AF233727

# HAUTE-COUR DE JUSTICE.

# EXPOSÉ

### FAIT

## PAR DES ACCUSATEURS NATIONAUX

### PRÈS LA HAUTE-COUR DE JUSTICE,

VIELLART portant la parole dans la séance du 6 Ventôse de l'an 6,

*Au sujet des accusations portées tant contre le représentant du peuple DROUET, que contre BABŒUF, et autres.*

---

## CITOYENS HAUTS-JURÉS,

Vous voilà enfin réunis des diverses parties de la France pour prononcer sur les actes d'accusation qui forment la matière du procès soumis à la Haute-Cour de Justice.

Un représentant du peuple est prévenu d'avoir pris part aux délits qui en sont l'objet : de là, la convocation de cet auguste et suprême tribunal.

D'autres accusés qui ne sont pas honorés du même caractère, sont traduits cependant devant lui ; ainsi

A

l'exige le principe sacré de l'indivisibilité de la procédure criminelle.

Quelle est la nature des délits ? La lecture des actes d'accusation vous en a instruits.

Vous avez vu que Babœuf, Drouet et consorts, sont prévenus d'une conspiration dirigée contre la sûreté intérieure de la République , tendante à renverser la constitution et à anéantir les autorités par elle établies.

Vous aurez , citoyens jurés, à prononcer principalement sur la double question de savoir si ce fait est constant , c'est-à-dire, si réellement il a existé une conspiration dont l'objet fut de détruire le gouvernement , et si les divers accusés en sont coupables.

Ce ne sera qu'après les débats, qu'il sera possible d'assigner avec précision la part que chacun des accusés a pu prendre à cette conspiration : espérons qu'un grand nombre , desirons que tous puissent atténuer par leurs défenses les charges qui seront produites contre eux , et qui déja ont déterminé les divers jurys d'accusation auxquels ils ont été soumis.

Mais ce qui peut être établi dès ce moment, ce que justifient des pièces qu'il sera bien difficile, et , nous osons même dire, impossible de combattre : c'est que réellement il a EXISTÉ UNE CONJURATION ; c'est que cette conjuration avoit pour objet de détruire le gouverment, d'anéantir les autorités légitimes , de dévouer au massacre un nombre infini de citoyens, et de livrer toutes les propriétés au pillage.

Avant d'entrer dans aucun détail des preuves que nous aurions à développer , déterminons d'une manière précise ce qui constitue essentiellement le crime de conspiration et les caractères qui forcent à le reconnoître.

Vous ne le savez que trop, citoyens jurés, la plus belle des révolutions, qui sembloit, à son aurore, devoir n'amener sur la France que le jour pur de la liberté, a

produit bientôt d'affreuses tempêtes ; les passions dé-
chaînées ont soufflé de tous les points de l'horison ;
des germes pestilentiels, épars jusques-là sur la surface
de notre sol, se sont trouvés tout-à-coup ramassés et
réunis ; près du patriotisme impétueux, mais dont l'enthousiasme toujours excusable ne connut jamais le
crime, s'est placée l'hypocrisie au regard double, l'irre-
ligion à la voix sacrilége, l'ambition avec son audace,
la vengeance avec ses fureurs, le calomniateur versant
ses poisons, l'homicide levant ses poignards. Dans le
bouleversement des élémens sociaux, ces mélanges impurs
ont fermenté ; et de leur sein est éclos une espèce d'êtres
malfaisans, monstres jusques-là inconnus dans ces climats,
et que le ciel même sembloit avoir épargnés à la terre :
ils se proclamoient *les patriotes*, et ils ont déchiré, mu-
tilé, dévoré la patrie.

Fils de l'anarchie, nés dans son sein, élevés dans
ses bras, leur instinct ne connoît pas d'autre élément.
Ils l'appellent sans cesse, ils ne sourient qu'à elle. L'ordre, l'ordre, vœu et besoin de tous les êtres sensibles,
est, pour ceux-ci, un tourment. Ils frémissent à son
aspect ; ils rugissent de joie quand la tempête appro-
che, et ils se précipitent au milieu des désordres publics avec le cri d'un féroce plaisir. La nuit affreuse
qui a couvert la France de carnage, à l'épouvantable
époque de la terreur, est l'objet continuel de tous leurs
regrets. Le jour constitutionnel qui l'a remplacée impor-
tune et blesse leurs yeux ; et comme ces oiseaux sinistres qui fuient l'astre de la lumière, qui semblent, à
son déclin, appeler les ténèbres par leurs accens lugubres, et s'apprêtent alors à mieux saisir leur proie, ils
applaudissent aux troubles qui paroissent nous menacer ;
ils les appellent pour en jouir, ils désignent d'avance
les victimes qu'ils se disposent à frapper.

Rien ne peut ni ramener, ni appaiser, ni calmer ces
hommes cruels. Prêts à tous les excès, engagés, la

plupart, à en commettre par ceux même qu'ils ont déja commis, le sang du crime bouillonne, pour ainsi dire, dans leurs veines ; et le plus effroyable caractère de leur perversité, c'est qu'ils ont unanimement érigé en principe le pillage , le brigandage , l'assassinat. Leur premier dogme est le bouleversement de la société, qu'ils appellent *égalité, loi agraire* , le remplacement des propriétaires par ceux qui ne le sont pas, la succession de ceux qui n'ont rien à ceux qui ont quelque chose. Tout moyen pour arriver à leur but leur paroît également bon ; dévaster , égorger jusqu'à ce que leur affreux systême surnage sur une mer de sang : voilà leur doctrine.

Scélérats d'autant plus redoutables que n'ayant, la plupart, rien à perdre, ils sont prêts à tout ; que ne connoissant aucune jouissance, ils ne craignent aucun danger ; que la fureur remplace en eux le courage ; qu'ayant déja, eux ou leurs semblables, essaié la puissance aux jours de la terreur, ils croient, à chaque instant, resaisir la même autorité par les mêmes moyens. Le spectre révolutionnaire est présent à leurs yeux ; il leur apparoît sans cesse avec ses lambeaux sanglans, ses poignards, ses échafauds, les cris de ses victimes ; et ces affreuses images, tourment des criminels ordinaires, sont à-la-fois le bonheur et l'espérance des nouveaux monstres que nous dépeignons ici.

Ces tableaux, citoyens jurés, qui chez d'autres peuples et chez nous, à toute autre époque, paroîtroient coloriés par une imagination exaltée, sont, hélas ! l'expression trop fidèle de la réalité. Ils appartiennent tout entiers à l'histoire. Déplorable aveu ! on les verra dans la nôtre ; et l'épouvantable procès que vous allez juger, les contient presque tous.

Pouvoit-on espérer que les premiers instans de l'établissement d'une conftitution nouvelle , après huit ans des plus violentes agitations, seroient tout-à-coup calmes et tranquilles ? Pouvoit-on efpérer qu'on verroit tout-à-coup rentrer dans le néant ces êtres dont l'imagination avoit été exaltée jusques au délire ; dont toutes les passions avoient été poussées au plus haut point d'effervefcence, chez qui le crime étoit devenu une habitude et un besoin, et dont l'audace s'étoit fortifiée par l'impunité et les AMNISTIES ?

Après de grands orages, lorfque les fleuves qu'ils avoient fait déborder commencent à rentrer dans leurs lits, ne laissent-ils pas dans les plaines qu'ils abandonnent, un gravier infertile, un limon infect, et des débris fangeux ?

Quelqu'odieux au reste, quelque dangereux que soient les individus dont nous venons d'esquisser le portrait, il faut pourtant convenir que la loi n'aura aucun empire à exercer sur ceux qui se borneront à nourrir dans leurs cœurs leurs affreuses espérances, tant qu'ils n'essaieront point de réaliser leurs projets.

Ah ! laissons-leur même exhaler dans de vaines déclamations leur rage impuissante. Croyons que les convulsions dont ils sont agités, que jusqu'à la fureur qu'ils ressentent de ne pouvoir plus impunément multiplier leurs attentats, vengent assez la société de leurs vœux homicides.

Mais si ces individus se réunissent et s'associent ; s'ils se communiquent leurs idées, leurs desirs, leurs espérances ; s'ils rédigent un plan à l'exécution duquel chacun promet de concourir ; si chacun d'eux se charge d'un rôle et le remplit ; si les efforts de tous sont combinés, dirigés vers un but commun ; si parmi eux s'établit une organisation, des chefs qui donnent des ordres, des instructions ; si l'on institue des agens qui exécutent les ordres, qui se conforment aux instructions : c'est alors qu'il existe une conspiration ; c'est ce concert qui en forme le caractère ; et cette conspiration est le plus criminel des attentats, lorsque, comme dans ce procès, son objet est de renverser le gouvernement établi, pour livrer une nation entière à la plus horrible anarchie.

Or tel est précisément le résultat des pièces que nous allons analyser. Vous y verrez une organisation complète, un directoire qui s'étoit constitué, des agens à qui ce directoire avoit donné des pouvoirs, et qui les avoient acceptés ; des instructions que les chefs avoient rédigées, et auxquelles les agens ne s'étoient que trop fidèlement conformés ; une correspondance active entre les uns et les autres ; un concert parfaitement établi pour que, tout marchant d'accord, on pût arriver plus sûrement au but commun : et quel étoit ce but ? le renversement de la constitution, l'anéantissement des autorités légitimes, d'innombrables massacres, un pillage universel, la subversion absolue de tout ordre social.

Descendons dans les détails ; surmontons le dégoût qu'inspire l'examen d'une conspiration où l'excès de la folie semble le disputer à l'excès de l'atrocité, et qui ne paroîtroit que l'œuvre insensée d'êtres seulement dignes de mépris, si une trop fatale et trop récente expérience ne nous avoit appris qu'une nation entière peut être subjuguée, asservie, dévastée, décimée par des individus sans talens réels, sans courage véritable, sans d'autres moyens que l'audace du crime.

Nous vous avons annoncé d'abord qu'un directoire secret avoit été constitué. Voici l'acte même de cette organisation : vous allez voir en quels termes il est conçu. (*Voir le n°. I des pièces imprimées à la suite du présent Exposé.*)

La minute de cet acte est la *vingtieme piece de la huitieme liasse* des papiers saisis au même local et au même instant où Baboeuf fut arrêté, qui furent par lui reconnus, par lui cotés et paraphés, et une expédition de ce même acte est la *soixante-unieme piece de la septieme liasse* des mêmes papiers saisis avec Babœuf ; expédition mise au net par Pillé, l'un des accusés, lequel Pillé a reconnu cette expédition pour être de sa main, ainsi qu'une foule d'autres qu'il a faites, en qualité *d'expéditionnaire du directoire insurrecteur et de salut public.*

On retrouve encore une expédition de la main de Pillé, de ce même acte de création du comité insurrecteur, dans la *vingt-unieme liasse* ; c'est la *onzieme piece.*

Il existe aussi au procès ce cachet qui fut adopté pour servir de marque distinctive aux dépêches du comité insurrecteur, pour garantir, malgré le défaut de signature, l'authenticité des actes qui en émaneroient. Ce cachet, de la forme d'un carré long, portant ces mots : *Salut public*, surmontés d'un niveau, a été saisi au local occupé par Babœuf ; il a été reconnu par lui devant le ministre de la police générale, et dans tous ses interrogatoires, pour être celui du directoire secret de salut public. Plusieurs des agens qui sont au nombre des accusés ont reconnu que c'étoit son empreinte qu'ils avoient trouvée au bas des commissions et instructions qui leur avoient été adressées ; et enfin, dans les papiers saisis avec Babœuf ( *septieme et vingt-unieme liasses*), se rencontrent diverses expéditions revêtues de ce sceau, imprimé en cire noire, couleur adoptée pour être un nouvel emblême des sombres projets des conspirateurs.

La création et l'existence d'un *comité insurrecteur,* d'un *directoire secret de salut public,* se trouve donc déja justifiée par la représentation de la minute, par celle de deux expéditions de l'acte même de création, par celle du sceau, reconnu pour avoir été destiné à donner un caractère d'authenticité aux pièces qui en seroient revêtues ; et nous verrons par la suite les preuves se multiplier, parce que nous verrons le directoire entrer en exercice se donner des agens, leur envoyer des instructions, leur adresser des circulaires, en recevoir des réponses et des renseignemens.

Nous ne nous arrêterons point à caractériser ici le crime fondamental que renferme en lui-même l'acte dont nous venons de parler : c'est incontestablement une USURPATION DE LA SOUVERAINETÉ, que de se créer à soi-même un pouvoir qu'on ne tient d'aucune délégation médiate, ni immédiate du peuple. Eh ! quel pouvoir ! un pouvoir insurrecteur ! un pouvoir qu'on met en opposition avec celui auquel la nation consent d'obéir ! un pouvoir qu'on élève pour détruire celui qui gouverne !

Un pouvoir insurrecteur ! Ah ! qui peut ne pas frissonner à ce mot dont a si cruellement abusé ? Sans doute, elle est *légitime*, elle est SAINTE, l'insurrection, lorsque, comme on la vit en 1789, c'est le peuple entier, lorsque c'est *l'universalité* des citoyens qui la fait, lorsqu'elle est le produit d'un mouvement libre et spontané, d'une volonté réellement *générale* : alors vouloir s'y opposer est une entreprise à-la-fois insensée et criminelle. Mais que de certaines classes de citoyens, que des fractions du peuple s'agitent, se soulèvent, veuillent renverser le gouvernement établi, ce n'est pas-là une *insurrection* : c'est une *révolte* criminelle, c'est un attentat contre la sûreté intérieure de l'État ; les instigateurs et les chefs ne peuvent être considérés que comme des factieux que les codes criminels de toutes les nations ont toujours frappés de peines capitales.

Mais ce n'est point encore le moment d'insister sur la nature et la qualité du crime des accusés. Rentrons dans la discussion par laquelle nous nous sommes proposés d'établir qu'il existoit entre eux une véritable conspiration, réunissant les divers caractères auxquels nous avons annoncé qu'on pouvoit la reconnoître.

C'en est un essentiel, sans doute, que cette création

d'un directoire secret de salut public, que cette organisation que se donnent ceux qui le composent, que cette espèce d'authenticité qu'ils attachent aux actes auxquels aura été apposée la marque distinctive dont ils sont convenus : mais voyons si cette organisation a été mise en jeu ; voyons si le mouvement a été imprimé à cette machine ; voyons enfin si les conjurés ont commencé à agir, s'ils ont concerté quelques mesures, et dirigé quelques efforts vers un but commun.

Quel a été le premier acte du directoire insurrecteur ? Il lui falloit des agens, il en organise : douze agens révolutionnaires principaux sont établis, un pour chaque arrondissement de la commune de Paris ; un nombre indéterminé d'agens militaires sont créés pour être employés secrètement auprès des différens corps armés placés dans l'Intérieur et autour de Paris ; enfin, une troisième espèce d'agens est encore créée : ce sont des agens intermédiaires, dont les fonctions spéciales sont d'entretenir les communications entre les agens principaux et le directoire secret.

La *vingtième pièce de la huitième liasse* des papiers saisis avec Babœuf contient minute de l'organisation des douze agens révolutionnaires principaux et d'agens intermédiaires. On retrouve dans la *soixante - unième pièce de la septième liasse*, et dans la *dix - huitième pièce de la vingt - unième liasse*, deux expéditions de la main de Pillé de cette même organisation ; et celle des agens militaires est en minute de la main de Babœuf : c'est la *quinzieme piece de la huitieme liasse.* ( *Voyez* les numéros II et III.

Ces quatre pièces sont terminées par les modèles des commissions d'agens ainsi conçues :

« Le directoire secret de salut public a choisi pour
» agent . . . . . . . . le citoyen
» Paris, . . . . . l'an quatre de la République
» démocratique à venir.

La liste des douze agens se trouve de la main de Babœuf, dans la *sixieme liasse, quatrieme et dix-septieme pieces*; dans la *septieme liasse, trente-quatrieme piece*; et dans la *vingt-troisième liasse.*

Dans les *quatrieme et cinquieme liasses* se trouvent deux minutes de lettres d'envoi des commissions d'agens; toutes deux sont de la main de Babœuf. L'une est adressée au citoyen *Mass*; l'autre au citoyen *Van.* Voici en quels termes sont conçues ces lettres d'envoi :

ÉGALITÉ.　　LIBERTÉ.

BONNEUR COMMUN.

Paris, le 25 germinal, l'an 4 de la liberté.

LE DIR. DE SAL. PUB.

*Au citoyen Mass.*

« Notre organisation de laquelle tu es déja prévenu,
» repose sur deux bases principales, l'une d'agence civile,
» l'autre d'agence militaire. Connoissant tes talens sous
» les deux rapports, et la position favorable ou tu te
» trouves pour les remplir toutes deux, nous avons cru
» pouvoir te les confier ensemble, d'autant qu'elles
» coïncident dans leurs moyens d'exécution. Voici d'a-
» bord la commission militaire, demain tu auras l'autre. »

Une troisième lettre d'envoi de commission d'agent, est la *premiere piece de la douzieme liasse* des papiers saisis avec Babœuf. En voici la teneur. (*Voyez* le n°. V.)

Douze liasses des papiers saisis avec Babœuf présentent la correspondance active et passive des douze agens des douze arrondissemens. Cinq autres sont composées de renseignemens relatifs à la partie militaire, en sorte qu'il n'est pas permis de douter que les commissions d'agens ont été envoyées et acceptées.

Il avoit accepté celui à qui on avoit envoyé la commission d'agent du premier arrondissement, puisque, dans la *vingt-unieme liasse* des papiers saisis avec Babœuf, se trouve (*onzieme piece*) une lettre que lui adressoit, le 4 floréal, le directoire de salut public, conçue en ces termes. (*Voyez* n°. VI.)

Il avoit accepté celui à qui on avoit envoyé la commission d'agent du second arrondissement : il avoit adressé un rapport au directoire insurrecteur, puisque la *septieme piece de la vingtieme liasse*, minute de la main de Babœuf, est une lettre par laquelle le directoire de salut public lui mandoit : « Ton rapport du
» vingt-trois nous donne lieu à t'adresser cette lettre
» particulière. Il paroît, par un des articles de ce rap-
» port que le zèle, joint à l'intelligence dont tu nous
» as donné une première preuve, t'a inspiré l'idée bien
» louable de t'attacher particulièrement à l'esprit du
» soldat, etc. »

Il avoit accepté celui à qui on avoit envoyé la commission d'agent principal du troisième arrondissement, puisque la *neuvieme piece de la dix-neuvieme liasse* des papiers saisis avec Babœuf se trouve la minute d'une lettre qui lui fut écrite, le 25 germinal, au nom du directoire de salut public , minute de l'écriture de Babœuf, laquelle est ainsi conçue : « Si nous ne t'avions
» pas connu avant de te livrer notre confiance, ton
» rapport du 22 nous rendroit témoignage du choix
» heureux que nous avons fait de toi. »

Il avoit accepté celui à qui on avoit envoyé la commission d'agent principal du quatrième arrondissement, puisque, dans la *dix-huitieme liasse*, on trouve, pour *onzieme piece*, la minute, de la main de Babœuf, d'une lettre écrite, au nom du directoire de salut public , à l'agent du quatrième arrondissement, portant : « Nous
» avons reçu ton premier rapport du 25 , qui a été
» trouvé très-intéressant. En répondant à notre circu-
» laire du 19, tu nous observes, etc. Nous avons reçu,
» comme très-précieux, l'avis sur Meudon et Vincen-

» nes. **La mesure proposée** par toi pour faire monter
» la garde à la porte des deux hôtels de la police a été
» goûtée, et va être mise à exécution. »

Il avoit accepté celui à qui on avoit envoyé la commission d'agent principal du cinquième arrondissement, puisque la *dix-septieme liasse* des papiers saisis avec Babœuf présente pour *premiere piece*, en minute de la main de Babœuf, une lettre du directoire de salut public à l'agent principal du cinquième arrondissement, terminée par cette phrase. « On va faire ce que tu de-
» sires par rapport aux patriotes lyonnais et aux autres
» départementaux : nous sommes édifiés de l'activité
» que tu nous annonces avoir mise dans cette partie
» essentielle de tes instructions, le logement de nos
» frères externes. »

Il avoit accepté celui à qui on avoit envoyé la commission d'agent principal du sixième arrondissement, puisque la *onzieme piece de la seizieme liasse* des papiers saisis chez Babœuf est une minute, de la main de Babœuf, d'une lettre écrite, au nom du directoire de salut public, à l'agent du sixième arrondissement, portant : « Nous avons reçu ton rapport du 24, qui nous
» a satisfaits. Il remplit une bonne partie de nos vues :
» voilà les 1200 liv. que tu réclames. Tu seras satisfait
» pour le nombre des imprimés que tu desires avoir à ta
» disposition. »

Il avoit accepté celui à qui on avoit envoyé la commission d'agent principal du septième arrondissement, puisque la *vingt-deuxieme piece de la vingt-deuxieme liasse* des papiers saisis avec Babœuf est encore une minute, de la main de Babœuf, d'une lettre écrite, au nom du directoire de salut public, à l'agent principal du septième arrondissement, commençant par ces mots : « Si nous ne t'avions pas connu avant de te
» livrer notre confiance, ton rapport du dix-neuf nous
» rendroit témoignage du bon choix que nous avons

» fait en portant les yeux sur toi. Nous ne pou-
» vons te recommander qu'une suite du même zèle et
» de la même activité dont tu nous a donné une première
» marque. »

Il paroît cependant que quelques inquiétudes furent annoncées par cet agent du septième arrondissement au directoire secret. Voici la réponse qui lui fut adressée au nom du directoire de salut public. La minute, de la main de Babœuf, est la *quatrieme piece de la treizieme liasse*. ( *Voyez* n°. VII).

Il balança à accepter celui à qui on avoit envoyé la commission d'agent principal du huitième arrondisse-ment. La *vingt-quatrieme piece de la quatorzieme liasse* des papiers saisis chez Babœuf est l'original de la lettre par laquelle il cherche à s'excuser, tant sur le dénue-ment absolu de toute faculté pécuniaire, que sur le défaut de talens nécessaires pour remplir, disoit-il, le poste honorable auquel l'appeloit la confiance des citoyens composant le directoire secret de salut public. Cette lettre est signée *Cazin*.

La *vingt-troisieme piece* de la même liasse est une minute, de la main de Babœuf, de la réponse qui fut faite à Cazin, au nom du directoire de salut public. On commence par le prévenir qu'on va aviser à lever le premier obstacle qui pourroit s'oppposer à l'exécution de la mission dont il étoit chargé, celui du défaut de res-source. « Cet empêchement écarté, continue-t-on,
» tu n'as plus de bonnes raisons à faire valoir pour
» éluder la tâche que le salut public t'impose. Tes ta-
» lens ! ce fut à nous à en juger : marche, nous t'en
» trouvons assez ; nous te connoissions avant de te
» mettre en œuvre. Des conjurés n'emploient per-
» sonne avant de l'avoir apprécié, et apprends que,
» quand une fois ils ont fixé leur confiance, ils ne per-
» mettent pas que celui sur qui elle tombe, ne l'exerce
» pas. »

On ne peut douter que , d'après cette lettre, Cazin n'ait accepté la mission d'agent principal du huitième arrondissement. La quatorzième liasse des papiers saisis chez Babœuf contient une correspondance des plus actives , et Cazin a reconnu pour être de sa main les lettres qui la composent.

Il paroît qu'un zèle inconsidéré et un état trop fréquent d'ivresse lui avoient laissé échapper quelques indiscrétions. Il n'est peut-être pas inutile de voir sur quel ton il fut aussitôt réprimandé. Lisons la *dix-neuvieme piece de la dixieme liasse :* c'est la minute écrite de la main de Babœuf, d'une lettre adressée à l'agent du huitième arrondissement, au nom du directoire de salut public : en voici le texte entier. ( *Voyez* , n°. *VIII.* )

Il avoit accepté celui à qui on avoit envoyé la commission d'agent principal du neuvième arrondissement, puisque, dans la *troisieme liasse* des papiers saisis chez Babœuf, se trouve la minute, de la main de Babœuf, d'une lettre adressée, au nom du directoire de salut public , à l'agent du neuvième arrondissement. La *troisième piece* est un rapport sur les objets sur lesquels portoit la lettre du directoire de salut public; et enfin ce rapport est signé de la lettre initiale *D*; et les listes des douze agens portent effectivement, comme agent du neuvième arrondissement , le nommé *Deray*.

Il avoit accepté celui à qui on avoit envoyé la commission d'agent principal près le onzième arrondissement, puisque la *onzieme liasse* des papiers saisis avec Babœuf présente les comptes par lui rendus au directoire de salut public; et la *sixieme piece* de cette liasse est la minute, de la main de Babœuf, d'une lettre écrite, au nom du directoire de salut public , à l'agent du onzième arrondissement, laquelle est ainsi conçue : « Ton sujet » de méditation a reçu les applaudissemens unanimes; » il faut l'exécuter bien vîte : *l'Homme libre de* 95 te

» sera envoyé aujourd'hui ou demain, avec prière d'en
» accélérer l'impression. Ton dernier rapport a fait le
» plus grand plaisir : on profitera de plusieurs vues
» excellentes que tu y donnes ; on est déja en mesure
» d'en exécuter d'autres dont nous nous étions nous-
» mêmes avisés. Redoublement de courage, d'acti-
» vité. »

Enfin, il avoit accepté celui à qui on avoit envoyé
la nomination d'agent principal du douzième arrondissement, puisque la *dixieme liasse* des papiers saisis avec
Babœuf présente la correspondance la plus active et
la plus suivie entre lui et le directoire insurrecteur.

Remarquons - y la *vingt - deuxieme piece* de cette
*dixieme liasse* : c'est la minute, de la main de Babœuf,
d'une lettre écrite, au nom du directoire de salut public,
à l'agent du douzième arrondissement : « Ta marche
» active, suivie et pleine d'intelligence, lui dit-on, n'a
» pas besoin d'être encouragée par nous : on reconnoît,
» à ton allure, l'homme qui sait qu'il travaille pour lui-
» même. Continue, voilà tout ce que nous pouvons te
» dire. »

Ils avoient aussi accepté ceux à qui on avoit confié
des commissions d'agens militaires, puisque la première
liasse des papiers saisis avec Babœuf renferme le relevé
des hommes propres au commandement : presque toutes
ces listes sont constatées être de la main de Darthé.

Dans la *dixième liasse* se trouvent divers rapports
des agens militaires. La cinquième pièce à laquelle
Babœuf a donné de sa main la date du 16 floréal,
est évidemment l'ouvrage des agens militaires, puisqu'elle commence par ces mots : « Ce n'est pas à nous
» à décider si le mouvement doit éclater le jour ou la
» nuit, vous seuls pouvez avoir prévu quel seroit l'ins-
» tant le plus favorable ; hâtez-vous de nous en instruire :
» car ce qui est praticable le jour ne l'est pas la nuit ;
» et même il est des mesures à prendre, dans un mouve-

» ment nocturne, étrangères à celles qui conviennent
» au jour. Pour asseoir *nos plansmilitaires*, il faut que
» nous sachions dans quel ordre placer la troupe, soit
» légionnaire, soit campée sous nos murs. »

Ils avoient accepté, ceux à qui on avoit confié des commissions d'agens militaires, et à qui on avoit envoyé en cette qualité de premières instructions, puisque le 20 floréal on leur envoie des instructions *additionnelles*. La minute, de la main de Babœuf, est la *deuxieme piece* de la *deuxieme liasse*.

*Nous devons nous réunir chez Massard, à quatre heures de relevée, pour y organiser nos dernières dispositions avec les principaux agens*, porte un billet de la main de Germain ( *troisieme piece de la deuxieme liasse* ). Or, rappelons-nous que nous avons vu plus haut la lettre d'envoi d'une commission d'agent militaire, adressée à *Mass*. La réunion dont il s'agit dans ce billet est donc celle d'agens militaires qui avoient accepté leur mission, qui combinoient toutes leurs démarches, conformément aux instructions du directoire secret de salut public.

*J'ai vu ce matin Massard et Fyon*, écrivoit Germain, dans un billet qui est la *treizieme piece de la seconde liasse* des papiers saisis avec Babœuf; billet qui porte la date du 10 floréal, de la main de Babœuf, et qui justifie qu'il lui est adressé à lui ou au comité insurrecteur. J'AI RENDEZ-VOUS, poursuit Germain dans ce billet, *avec Rossignol, pour midi, et je l'ai à ma discrétion pour tout le jour : Fyon, Massard et moi, avons arrêté que nous nous rendrions chez vous, ce soir, à cinq heures précises....... Je m'y rendrai, et vous déciderez.*

Rossignol et Fyon étoient deux ex-généraux. Germain étoit aussi militaire. Nous répétons qu'une commission d'agent militaire avoit été adressée à *Mass*. Il en résulte que ce billet est une nouvelle preuve que les agens

militaires

militaires choisis par le directoire insurrecteur s'étoient dévoués à lui, et concertoient avec lui toutes leurs mesures.

Une commission d'agent militaire avoit été adressée à Grisel, *dit Franc-libre*. On n'en peut douter, puisque dans les papiers saisis avec Babœuf, par lui recueillis avec soin, et classés avec méthode, se trouve ( *troisieme piece de la troisieme liasse* ) un rapport de ce même Franc-libre que Babœuf a daté de sa main du 25 germinal; rapport auquel il fut répondu au nom du directoire de salut public, le 29 germinal. La minute de la lettre est de la main de Babœuf: c'est la *deuxieme piece de la troisieme liasse*. Elle est adressée au citoyen Griz.... *dit Franc-libre*.

« Nous avons reçu, y lisons-nous, le 26 de ce mois,
» les observations en réponse à l'instruction insurrec-
» tionnelle que nous t'avions fait passer. Il est bon que
» tous nos collaborateurs en la sainte entreprise du
» plus éminent triomphe de la démocratie sachent que
» toutes les inventions atroces des jugulateurs ne sont
» capables ni de nous intimider, ni de nous déconcerter,
» ni même de nous ôter la certitude de la réussite : il ne
» faut donc pas que ceux qui nous secondent se ralen-
» tissent plus que nous. »

En voilà sans doute autant et plus qu'il n'en faut pour démontrer que ce comité insurrecteur dont nous avons d'abord justifié la création, s'étoit choisi des agens; qu'il en avoit institué de civils et de militaires ; que ceux qui avoient été nommés acceptèrent leur mission; qu'il s'établit entre les membres du comité et les agens tant civils que militaires, par le moyen d'agens intermédiaires, cette association, ce concert, caractère principal du crime de conspiration.

Et ce caractère de conspirateurs et de conjurés, ne se le sont-ils pas imprimé ouvertement à eux-mêmes, ceux qui composoient le comité insurrecteur, le directoire de salut

*Exposé par Viellart.*                                      B public? N'avons-nous pas remarqué dans trois lettres, dont deux minutées par Babœuf, et la troisième revêtue du cachet du directoire de salut public, toutes trois écrites au nom de ce comité insurrecteur, ces termes peu équivoques: *Des* CONJURÉS *n'emploient personne avant de l'avoir apprécié; ceux qui te parlent ne sont pas des* CONJURÉS *A DEMI. Songe que des* CONJURÉS *ne peuvent plus quitter ceux qu'ils ont pris une fois le parti d'employer...* Le voilà donc reconnu, avoué par les coupables eux-mêmes, cet odieux caractère d'une conspiration, contre les auteurs et complices de laquelle nous provoquerons la vengeance des lois.

Il se retrouve encore et il éclate, ce caractère de conjuration, dans une circulaire, dont trois expéditions de la main de Pillé, forment les *onzieme et douzieme pieces de la septieme liasse*, et la *vingt-unieme de la deuxiéme liasse*: voici le début de cette circulaire. « Jamais » CONJURATION ne fut si sainte que la nôtre dans ses mo-» tifs et dans son but; jamais non plus il n'en fut une » dont les agens se montrèrent aussi dignes de la con-» fiance dont le dépôt sacré leur fut confié : on ne tra-» vailla jamais dans le secret contre un gouvernement » perfide, aussi long-temps et aussi heureusement que » nous l'avons fait ; son inquiète vigilance a beau se » mettre à la torture et épuiser tous les ressorts de la » plus atroce inquisition, il n'a pu encore pénétrer rien » de positif. Ce résultat honore le choix que nous avons » fait de vous, et nous donne la plus forte garantie pour » une confiance plus grande encore, etc. etc. »

Enfin ce caractère de conjuration reparoît encore mieux dans un discours que Babœuf a dû tenir à une assemblée générale des conjurés, discours dont deux minutes de sa main se trouvent dans les pièces saisies avec lui : l'une est la *quarantieme de la septieme liasse* ; l'autre est la *trente-unieme piece de la huitieme liasse*.

« Plusieurs révolutions, dit Babœuf à l'assemblee des

» conjurés, se sont succédé depuis 1789 : aucune, vrai-
» semblablement, n'a eu un but précisément déterminé
» d'avance ; aucune n'a eu des directeurs exclusifs, des
» directeurs exactement d'accord en principes et en vo-
» lontés finales, des directeurs également purs qui se
» soient proposé pour terme de leurs travaux le *maxi-*
» *mum* de la vertu, de la justice, du bonheur de tous....
» Un concours heureux de circonstances sorties pourtant
» du sein des malheurs particuliers, des orages, des ré-
» volutions, vous a fait connoître réciproquement, vous
» a découverts les uns aux autres pour être imbus des
» mêmes idées de bonne morale politique et du meilleur
» ordre social. Vous vous êtes rapprochés, vous vous
» êtes communiqué mutuellement le même plan d'asso-
» ciation politique ; plan exclusivement juste, seul capa-
» ble de procurer le bonheur général, et dont l'ame fran-
» che de chacun de vous étoit devenue, par la grace de
» la bonne nature, l'intéressante dépositaire. Alors vous
» vous êtes dit les uns aux autres : C'est à nous qu'il
» appartient de faire aussi une révolution ; elle sera la
» dernière, si elle réussit, puisque son résultat infaillible
» sera de combler tous les besoins, tous les desirs de cha-
» que membre des associés, de faire à tous un sort qui
» ne laisse rien à envier à aucun d'eux. Vous avez réuni
» les avantages, 1°. de marquer d'avance un point uni-
» que, où, sans partage, sans modification, sans restric-
» tion, sans nuance, vous tendez tous ; 2°. d'être cir-
» conscrits dans un cercle étroit d'hommes vertueux, iso-
» lés de tout ce qui pourroit opposer des vues divergentes
» et contradictoires, de tout ce qui ne seroit pas capable
» de se confondre dans le sentiment un et parfait de
» l'apogée du bien.

» Qu'il est sublime, le projet que vous avez conçu !
» quel beau spectacle que le seul tableau que peut s'en
» former l'imagination ! Certes, jamais aussi belle entre-
» prise n'occupa des hommes : qu'il seroit glorieux de la
» faire réussir.

» Vous êtes peut-être déja *trop avancés dans la car-*
» *riére*, pour ne pas voir que la seule alternative qui nous
» reste, *est d'y périr ou de vaincre.* Eh ! cette alternative
» n'est pas seulement celle des amis de l'égalité pure ; elle
» est tout aussi inévitablement celle des vrais patriotes :
» autant vaut-il donc l'être en *mesure pleine et comblée ;*
» autant vaut-il *vendre au plus haut prix aux tyrans, aux*
» *oppresseurs, notre existence,* et acquérir, dans le cas
» d'insuccès, des droits au souvenir honorable des races
» futures. »

Ici Babœuf observe que, avant de donner ses
vues sur la grande question que les conjurés ont desiré
traiter ; savoir, *Quel systême social il faudra établir*
*lorsqu'on aura renversé l'autorité principale actuelle-*
*ment existante* ; avant de traiter cette question, disons-
nous, Babœuf observe aux conjurés qu'elle lui semble
enchaînée à tout ce qui doit précéder, accompagner
et suivre leur mouvement révolutionnaire. « Je vous pré-
» senterai par conséquent, poursuit-il en leur adressant
» la parole, je vous présenterai mes idées sur le tout,
» et je passe tout de suite au coup-d'œil sur le tout,
» c'est-à-dire sur la manière dont je conçois tout ce
» qui doit précéder le mouvement.

» *Vous êtes déja en mesure sur cette partie.* Pour
» savoir si vous y êtes bien, si votre *organisation est*
» *passablement combinée,* si les circonstances dans les-
» quelles vous ouvrez une telle entreprise, présentent
» quelques avantages, il me paroît encore que nous
» devons porter un peu nos souvenirs en arrière, com-
» parer notre position *insurrectionnelle* avec celle des
» *insurrecteurs* de nos précédentes révolutions, voir ce
» qu'ils avoient en leur faveur et que nous n'avons
» plus, voir aussi ce que nous avons et qu'ils n'avoient
» pas. »

Cet exposé est tracé de la main de Babœuf ; il est par
lui tracé deux fois, quoique dans les seules minutes de ce

discours, qui peut-être n'a pas été prononcé, puisque nous avons à regretter, à plus d'un titre, que l'auteur n'ait pas trouvé le moment de compléter le cadre qu'il annonçoit devoir remplir. Mais la seule ébauche dont nous venons de rapporter quelques traits, ne constate-t-elle pas l'existence d'une *conjuration*, celle de *conjurés*, celle d'un *plan convenu* ? Il ne restoit plus, à ce qu'il paroît, qu'à déterminer le systême social qu'il faudroit établir, *après avoir renversé le gouvernement actuel*, but commun que se proposoient tous les conjurés, qu'ils s'étoient *découvert les uns aux autres*, et pour lequel ils s'étoient *réunis*, pour lequel ils avoient *associé leurs efforts* ; et à l'époque où Babœuf commençoit à composer ce discours, *tout se préparoit pour un mouvement*. Déja les conjurés *étoient en mesure* ; ils étoient déja *tellement avancés dans la carrière, qu'il ne leur restoit plus d'autre alternative que de périr ou de vaincre*.

Avez-vous remarqué, citoyens jurés, ce ton d'illuminé, qui est aussi un des principaux symptômes d'une conjuration ; ce ton avec lequel on enflamme les imaginations ardentes, avec lequel on subjugue les foibles, on entraîne les indécis, avec lequel on trompe, on égare les ignorans, avec lequel enfin on crée les Séïdes ? avez-vous remarqué ces terribles menaces que la plus légère indiscrétion attiroit aux agens ? avez-vous remarqué ce mystère dont les principaux chefs avoient su s'envelopper à l'égard de leurs agens ? Des conjurés savent bien que les foibles mortels respectent, adorent et redoutent une divinité, en proportion de l'épaisseur des ténèbres à travers desquelles ils croient reconnoître son existence.

Mais poursuivons ; parcourons les principales instructions données par le directoire insurrecteur à ses divers agens ; analysons succinctement la correspondance de ceux-ci et les comptes qu'ils rendoient de ce qu'ils avoient fait ou essayé de faire en conformité des instructions par eux reçues : nous y trouverons de nouvelles preuves de la combinaison des efforts communs des conjurés, assujettis à un plan commun et tendant à un même but. Nous y verrons aussi de ces commencemens d'exécution qui donnent en quelque sorte une seconde existence au délit, et ne permettent pas de le considérer comme un vain projet, comme une ridicule chimère à laquelle il pourroit paroître odieux d'infliger des peines trop réelles.

*Dix pieces de la sixieme liasse*, *huit de la septieme*, *deux de la troisieme*, *douze de la vingt-unieme*, sont autant d'instructions et de circulaires adressées, au nóm du directoire de salut public, aux agens principaux des douze arrondissemens. La *seconde piece de la deuxieme liasse*, la *troisieme piece de la troisieme liasse*, la *quinzieme piece de la huitieme liasse*, sont des instructions aux agens principaux militaires.

Nous ne nous proposons point d'entrer dans tout le détail de ces diverses instructions, de ces diverses circulaires ; ces dernières, sur-tout, ne roulant que sur des faits particuliers, sur la diversité des circonstances. Or notre principal objet n'est point de suivre la conspiration dans les incidens qu'elle a fait naître, dans ceux qu'elle a éprouvés : c'est la conspiration en masse que nous voulons démontrer, c'est l'existence de son plan. Nous voulons établir que ses principaux moyens étoient *convenus et arrêtés dans un directoire secret*, et mis exécution, autant qué faire se pouvoit, par les *divers agens*.

Bornons-nous donc à donner en ce moment lecture aux principaux agens des douze arrondissemens des premières instructions qui furent adressées avec leurs commissions. ( *V.* nº. *IX.* )

Tel étoit donc le plan général des conspirateurs : tout désorganiser, tout soulever, entretenir l'effervescence populaire, et tout disposer ainsi pour une insurrection générale. Et par quels moyens espéroient-ils exécuter leur plan et parvenir à leur but ? Ces moyens, c'étoient la publication , la distribution de journaux , d'écrits, de pamphlets anarchiques ; c'étoit la formation d'une multitude de petits clubs que dirigeroient les agens ; c'étoit l'institution de grouppiers , d'afficheurs ; c'étoit la corruption des ateliers ; c'étoit l'art infernal de semer de faux bruits , de répandre de fausses nouvelles , d'exaspérer le peuple , en attribuant aux gouvernans tous les maux résultans des circonstances. Aux termes de leurs instructions , les agens devoient aussi, 1°. faire connoître au directoire secret de salut public tous les patriotes de leur arrondissement sur lesquels ils pouvoient compter , en observant à quel genre d'emploi ils pouvoient être propres ; 2°. faire connoître ceux qu'on devoit regarder comme principaux ennemis ; 3°. s'assurer des lieux où se trouveroient des dépôts d'armes, des magasins de vivres et de subsistances. Voyons à quel point d'exécution toutes ces mesures indiquées par le directoire secret de salut public furent poussées par les divers agens.

Il sembleroit peut-être que ce seroit ici le lieu de commencer par faire l'analyse de cette foule de journaux, d'écrits, de pamphlets, d'affiches, de chansons, où ont été présentées, sous toutes les formes, les plus absurdes et les plus féroces maximes de l'anarchie ; où l'on a provoqué la désobéissance aux lois , l'anéantissement de la constitution, le massacre des autorités constituées. Mais observons qu'il ne s'agit point ici du délit qui pourroit résulter des écrits en eux-mêmes. Nous ne voulons les considérer que comme moyens employés à l'exécution d'un projet de soulèvement qui étoit le premier but de la conspiration dont il s'agit. Sous ce rapport, ces écrits ne se doivent point distinguer de toutes les autres mesures que le comité insurrecteur avoit recommandées à ses agens; et ce qu'il faut uniquement vérifier, c'est avec quelle exactitude, avec quelle activité, les agens se conformèrent aux instructions qui leur avoient été données au nom du directoire insurrecteur. Choisissons quelques-unes des correspondances qui font partie des papiers saisis avec Babœuf.

La *huitieme piece de la vingtieme liasse* est un rapport de l'agent du deuxième arrondissement, adressé au directoire de salut public. « Conformément à l'arti-
» cle VII de votre circulaire du 19 du présent, li-
» sons-nous dans cette pièce, les compagnies d'affi-
» cheurs et de grouppiers sont organisées dans les sections
» du Mont-Blanc, Lepeletier, fauxbourg Montmartre
» et Butte-des-Moulins. Les affiches ont été posées,
» et lues par le peuple avec empressement et avidité;
» il manifestoit la haine la plus profonde contre les
» scélérats qui nous tyrannisent. A la cour Mandar,
» un commissaire de police a arraché l'affiche; aussi-
» tôt un patriote énergique lui dit : Scélérat, tu viens
» arracher au peuple la vérité qu'on veut lui faire con-
» noître; tu es un agent de nos affameurs. Les lec-
» teurs se mirent à applaudir, et l'agent prit la fuite
» pour son salut. L'esprit public, porte encore la même
» pièce, fait des progrès rapides; il franchit, malgré
» nous, les bornes que nous voulons lui prescrire; on
» entend crier ouvertement : Il faut renverser les mons-
» tres qui nous gouvernent; nous n'aurons le bonheur
» qu'après leur défaite.

» Le numéro 42 du *Tribun du peuple* a produit le
» meilleur effet dans l'esprit des particuliers, porte un
» autre rapport du même agent du deuxième arrondis-
» sement ( *Sixieme piece, vingtieme liasse* ). Il est
» sorti on ne peut plus à propos; car les scélérats
» désignés par le démocrate Babœuf avoient déja
» acquis certaine confiance, qui, comme vous l'avez

» fort bien observé dans une de vos circulaires, au-
» roit achevé de perdre la patrie : mais le contre-poison
» est venu à temps, et la guérison est entièrement opé-
» rée. Les grouppes, poursuit le même rapport, ont
» toujours lieu au bout des ponts de Notre-Dame, au
» Change, à la Grève et sur le Port-au-Bled, où les
» forts sont animés du meilleur esprit. »

Dans un premier rapport de l'agent du troisième arrondissement ( *dixieme piece de la dix - neuvieme liasse* ) , il mande au directoire de salut public qu'il s'occupe à réunir les individus de son arrondissement ; que la distribution des journaux patriotes se fait ; que l'affiche n'a pas eu lieu, mais qu'elle ne manquera pas la nuit suivante. *L'esprit des grouppes hier étoit bon*, ajoute-t-il. Puis il annonce au directoire qu'il lui fera passer l'état des agens de la police qui demeurent sur son arrondissement. Une partie de ces agens, dit-il, sont patriotes, ils seront utiles.

Les individus attachés à la police, dit-il dans un autre rapport ( *huitieme piece, dix - neuvieme liasse* ), sont des patriotes prononcés qui servent la liberté par les avis utiles qu'ils donnent. Il observe que le café des Bains chinois est signalé ; que les lecteurs publics sont indiqués ; que Drouet est aussi indiqué à la police, comme un des chefs du Café Chinois ; enfin il ajoute qu'il ne connoît d'atteliers dans son arrondissement que celui des Messageries , dont l'esprit n'est pas bon, parce qu'à l'époque de la réaction on a évincé les ouvriers patriotes.

Dans un troisième rapport ( *cinquieme piece de la dix - neuvieme liasse* ) , le même agent du troisième arrondissement annonce qu'il n'a plus d'avis de la police, que les patriotes qui y avoient été placés d'abord, venoient d'être expulsés. « Au surplus, ajoute-
» t-il, on remplit dans cet arrondissement le véritable
» but, relativement aux réunions civiques ; il n'y en a

» aucune ostensible, et la distribution des papiers pa-
» triotiques se fait avec des précautions raisonnées.

« L'esprit public est généralement bon, mandoit au
» directoire insurrecteur l'agent du quatrième arron-
» dissement , le 25 germinal ( *douzieme piece , dix-*
» *huitieme liasse* ). Par-tout il cherche le chemin par où
» il pourra sortir de l'oppression sous laquelle il est
» comprimé ; mais l'esprit des grouppes est si vif, que
» je crains qu'il n'amène des mouvemens qui nuisent
» à la cause de la liberté. J'ai déja, continue-t-il, plu-
» sieurs petites réunions composées de républicains aussi
» sages que courageux. »

Dans un rapport de l'agent du cinquième arrondissement ( *troisieme piece de la dix-septieme liasse* ), nous
voyons qu'il mandoit au directoire insurrecteur, que les
réunions étoient formées, qu'il en étoit sûr, qu'elles
étoient composées d'excellens démocrates : « Il paroît,
» continue-t-il, que certains démocrates aisés se dis-
» posent à faire quelques sacrifices ( et je leur ai fait
» entendre cela) pour subvenir aux frais d'impression
» des journaux qu'on leur fournit, Babœuf, l'Eclai-
» reur, etc... dont je leur ai dit ne pouvoir acquitter
» les abonnemens. Je n'ai pas cru leur devoir dire en-
» core qu'il étoit gratis : faites en sorte de me faire
» donner deux *Charles Duval*, pour ne pas alarmer
» subitement ces réunis. Je veux qu'on les accoutume
» par cette lecture : il est des articles, depuis quelques
» jours sur-tout, qui ne les aguerriront pas peu pour
» l'égalité.

» *Le placard de l'analyse, et la distribution qu'on en*
» *a faite*, porte un deuxième rapport de l'agent du cin-
» quième arrondissement ( *deuxieme piece de la dix-*
» *septieme liasse* ), ont produit le plus grand effet. Mes
» *grouppistes vont à merveille ; j'ai plutôt à tempérer*
» *leur effervescence démocratique, qu'à la provoquer.* »

Ouvrons-nous la correspondance de l'agent du sixième arrondissement , nous trouvons , à la *treizième
piece de la seizième liasse*, ces notes : « *L'affiche a été
» avidement, elle a produit son effet. J'ai organisé ma
» compagnie de grouppeurs , qui se rendront tous les
» jours à la porte Martin et Denis sur la brune , au
» moment où les ouvriers s'en retournent. J'ai pris des
» mesures pour que les affiches soient dorénavant mieux
» collées. J'ai avancé pour pinceaux , colle et pots ,
» 1200 liv. que vous me ferez passer. Vous me ferez
» passer aussi une plus grande quantité des choses qu'il
» faudra distribuer ou afficher. Il faut que le nombre
» excède toujours 100 liv. de chaque.*
Même exactitude , même activité pour former des
réunions et des grouppes , pour y distribuer les journaux
et les écrits du comité insurrecteur, de la part de l'agent
du huitième arrondissement. « *J'ai déja sept réunions de
» fixes ,* mandoit-il dans une lettre qui est la *vingt-
» deuxieme piece de la quatorzieme liasse , tous hommes
» marquant et connus du peuple. Les numéros qui me
» sont parvenus , furent distribués selon vos vues. Des
» femmes de patriotes feront encore plus que nous en
» promulguant dans les grouppes du peuple,* etc. »
La septième pièce de la onzième liasse présente un
rapport de l'agent du onzième arrondissement qui as-
sure que *ses grouppes sont toujours bons ,* que l'esprit
public s'y prononce , que les écrits de l'Eclaireur et
les maximes de Babœuf ont été lus par des patriotes
sur la terrasse des Tuileries. « *Mon arrondissement ,* con-
» *tinue-t-il , commence à bien s'organiser. Il me faut
» encore quelques jours pour qu'il le soit compléte-
» ment. Ma compagnie d'afficheurs , quoique peu nom-
» breuse , marche avec zèle et célérité. J'ai distribué
» mes affiches , afin qu'on en mette plusieurs jours de
» suite. Mes grouppeurs ont de la tenue et sont obser-
» vateurs.* »

Enfin l'agent principal du douzième arrondissement mandoit au directoire secret de salut public, le 20 germinal ( sa lettre est la *trentieme piece de la dixieme liasse* ) : « A l'aide de vertueux républicains, j'ai déja
» formé de petites sociétés de cinq à six personnes à
» qui je fais passer les papiers, et qui, de suite se sé-
» parant, vont en propager les principes à leurs con-
» noissances. J'ai déja recruté des grouppeurs : l'*Analyse*
» de Babœuf va être affichée par moi deuxième, cette
» nuit.

» L'*Analyse des principes de Babœuf*, porte *la vingt-*
» *neuvieme piece de la dixieme liasse*, a été affichée
» cette nuit ; ils ont été sentis avec intérêt. Les grouppes
» n'ont pu avoir le succès que nous aurions dû en at-
» tendre, vu l'intempérie de l'air.

» Les grouppes », lit-on encore dans la *vingtieme piece*
*de la dixieme liasse*, qui est toujours suite de la correspondance de l'agent du douzième arrondissement,
« j'en ai organisé, et j'y vais moi-même. Pour afficher,
» cette besogne ne se fait que par moi et un de mes
» amis.

» L'esprit de mon arrondissement », mandoit encore
l'agent du douzième dans une lettre qui est *la neu-*
*vieme piece de la dixieme liasse*, « est toujours on
» ne peut pas plus satisfaisant : une réunion par-
» ticulière vient de s'y former d'avant-hier ; car,
» lorsque ces petites réunions passent une douzaine
» d'habitués, du surplus l'on en forme une nou-
» velle. »

« Voici deux jours assez propres à *échauffer les*
» *têtes* », lisons-nous dans une lettre qui est la *troisieme*
*piece de la dixieme liasse* ; lettre que Babœuf avoit
recueillie avec tant de soin, que lui-même marque
au haut la date du 19 floréal : « Voici deux jours assez
» propres à *échauffer les têtes*, particulièrement aujour-
» d'hui ; car, dans nos quartiers, le dimanche pré-

» vaut beaucoup sur la décade, où tous les ouvriers
» travaillent. »

Après cette analyse de la correspondance des principaux agens, qui peut méconnoître l'accord et le concert qui régnoient entre eux et les chefs de la conjuration ? Nous avons vu qu'un des points principaux des
instructions du directoire secret étoit d'entretenir l'effervescence populaire, de l'exciter ou de la tempérer,
de tenir note du thermomètre de l'esprit public, de répandre à cet effet les journaux et les écrits du directoire, de les faire lire dans des réunions de patriotes,
de les faire afficher, d'en faire répéter les maximes dans
les grouppes, dans les ateliers, dans les rassemblémens
de toute espèce : eh bien ! nous avons vu aussi ces
agens rendre compte de l'organisation d'un grand nombre
de petits clubs, de la formation de leurs compagnies
d'afficheurs et de grouppeurs ; nous avons vu avec quel
zèle et quelle activité ils distribuoient les écrits nombreux que leur faisoit passer le directoire secret ; nous
avons vu comme ils se félicitoient de ce que, au
moyen de ces écrits, ils entretenoient, ils excitoient
l'effervescence populaire et *échauffoient les têtes* ; nous
avons vu à quel point ils se flattoient déja d'avoir monté
ce qu'ils appeloient l'*esprit public* qui se manifestoit,
tant dans les grouppes que dans les réunions patriotiques
qu'ils avoient organisées. Assurément, voilà non-seulement un plan bien formé, voilà non-seulement un concert de gens qui s'associent pour le suivre, voilà des
commencemens non équivoques d'exécution.

Veut-on reconnoître l'exécution d'autres points des
instructions données par le directoire secret à ses
agens ?

Rappelons que, par ces instructions, ce directoire
avoit demandé aux agens des listes de patriotes sur lesquels on pût compter, avec indication des fonctions
auxquelles ils seroient dans le cas d'être employés ; qu'ils

avoient aussi demandé des listes de ceux qu'il falloit regarder comme ennemis, comme royalistes, comme contre-révolutionnaires, comme vendémiairistes, etc, etc. ; par des circulaires aux agens, le directoire secret de salut public avoit aussi demandé à chaque agent de lui faire connoître les dépôts d'armes, les magasins de vivres, de subsistances, et de toute espèce de marchandises qui pouvoient se trouver dans leurs arrondissemens respectifs. Nous allons voir à quel point de maturité étoit déja parvenue l'exécution de ces diverses mesures.

La première liasse des papiers saisis avec Babœuf est composée de vingt-sept pièces, ce sont autant *de listes d'hommes propres au commandement* : c'est ainsi que Babœuf avoit intitulé ces pièces de sa propre main. La plupart de ces listes sont constatées être de la main de Darthé ; quelques-unes sont de la main de Babœuf, entre autres la *vingt-troisieme*, qui désigne cinq généraux et trois capitaines.

Les *dixieme et douzieme pieces de la douzieme liasse* sont des *listes complémentaires de patriotes propres à commander* : ces deux listes sont de la main de Buonarotti. C'est aussi de sa main et de celle de Babœuf qu'est écrite la *onzieme piece* de la même liasse où se trouvent réunies des notes qui leur avoient été fournies des divers lieux dans Paris où se trouvoient des dépôts d'armes et d'effets de guerre, des subsistances, des chevaux, des habits, des piques et des poignards.

Passons à la *dixieme liasse*. Nous y trouvons les *quatorzieme, quinzieme, seizieme et dix-septieme pieces* : ce sont des listes de royalistes et de contre-révolutionnaires d'une part ; et d'autre part des listes de patriotes. La plus horrible proscription est appelée sur la tête des premiers *ennemis jurés*, dit-on, *du patriotisme et des patriotes, et gens si gangrenés, qu'il n'y a aucune espérance de retour.*

Une liste de royalistes et de contre-révolutionnaires avoit été fournie par l'agent du onzième arrondissement : c'est la *troisieme piece de la onzieme liasse.*

La *deuxieme piece de la trezieme liasse* est une liste du même genre que l'agent du neuvième arrondissement avoit envoyée au directoire secret de salut public, en lui marquant que toutes les personnes y désignées *étoient tous royalistes prononcés et les principaux meneurs de la section de l'Arsenal depuis le 9 thermidor.*

L'agent du huitième arrondissement n'avoit pas manqué de se conformer aux instructions du directoire secret de salut public. Les *septieme, huitieme, neuvieme, onzieme, douzieme, treizieme pieces de la quatorzieme liasse* sont des listes, tant des patriotes de cet arrondissement que de ceux qui, sous le titre ironique *d'honnêtes gens,* étoient dévoués à la proscription.

Dans la seizième liasse, nous remarquons les *troisieme, quatrieme, cinquieme et sixieme pieces,* qui sont autant de listes de canonniers sur lesquels on peut compter ; de patriotes bons, les uns pour administrer, les autres pour révolutionner ; enfin de contre-révolutionnaires qui, depuis la révolution, observe-t-on dans la *dixieme piece,* se sont tous montrés constamment les *ennemis du peuple.*

La *dix-huitieme liasse* présente dans les *premiere, deuxieme, septieme, neuvieme et dixieme pieces,* diverses listes, les unes de démocrates sur le caractère énergique desquels on peut compter, les autres de canonniers du dévouement desquels on répond ; enfin, *des ennemis incurables de la patrie,* parmi lesquels on distingue, par un signe particulier, ceux qui, dit-on, *se sont signalés le plus dans la proscription des patriotes.*

Dans la *douzieme piece,* l'agent du quatrième arrondissement annonçoit que la Halle aux Draps contenoit beaucoup de draperies et toileries, que la Halle aux Bleds contenoit des bleds, farines, légumes secs. Il indiquoit un dépôt d'habillemens et autres effets appartenans à la République. Mais, ajoutoit-il, il est une infinité de maisons particulières remplies de comestibles et d'épiceries : les maisons de chaque armurier, qui sont en assez bon nombre dans l'arrondissement, peuvent être considérées comme de petits arsenaux.

Deux listes, l'une *de vendémiairistes*, l'autre de patriotes susceptibles de remplir des fonctions civiles ou militaires, forment les *deuxieme et troisieme pieces de la dix-neuvieme liasse*, envoyées au directoire secret de salut public par l'agent du troisième arrondissement qui y avoit joint les notes des individus *dont la fortune*, disoit-il, *faisoit présumer qu'ils étoient approvisionnés de subsistances*. Au surplus, ajoutoit-il, la plupart des habitans de cette section de Brutus sont *riches* ; et on peut espérer de trouver infiniment de choses, en faisant des *visites domiciliaires*.

Nous retrouvons encore dans la *vingtieme liasse* des notes indicatives d'individus courageux, de patriotes capables de commander, et de canonniers dont on n'a à craindre que l'excès du zèle. Ce sont les quatre premières pièces, recueillies et notées avec soin par Baboeuf, de la main duquel est la date du jour auquel parvinrent ces renseignemens au directoire secret de salut public, de la part de l'agent du deuxième arrondissement.

L'agent du premier arrondissement paroît aussi n'avoir rien négligé pour satisfaire aux instructions du directoire secret de salut public. La *premiere piece de la vingt-unieme liasse* est une note d'individus bons pour commander, soit une compagnie, soit une pièce de canon ; il indiquoit, par la seconde pièce, un lieu où il annonçoit qu'il y avoit beaucoup d'effets précieux ;

qu'on

qu'on y avoit vu arriver deux chariots chargés d'or et d'effets; qu'il s'y trouveroit une infinité de choses de première nécessité : c'étoit une maison de Passy où , disoit-il, *les directeurs dînoient tous les lundis.*

*Les* quatrième & cinquième *pieces de la même vingt-unieme liasse* sont encore des listes , et on en retrouve une autre dans la *dix-neuvieme piece* , qui porte en outre les avis suivans. ( *V.* n°. X. )

Enfin la *vingt-deuxieme liasse* contient nombre de listes de démocrates , de canonniers, d'aristocrates , de royalistes , de contre-révolutionnaires , de marchands : le tout accompagné de notes qui indiquent les *gangrenés* , les *réactionnaires* , les *chouans,* les *vendémiairistes, les maisons à porte-cochère qui sont remplies de subsistances et d'effets de commerce.*

Il y a au chef-lieu de la section des Droits-de-l'Homme, lit - on dans la *quinzieme piece,* qui est une lettre adressée au directoire de salut public, 240 fusils en bon état; il y en a autant, rue du Temple, hôtel d'Anières.

On voit dans la *dix - neuvieme piece* de la même liasse , que des mesures pour s'assurer des dépôts de Vincennes et de Meudon étoient concertées. L'agent du septième arrondissement en a rendu compte au directoire secret de salut public , qui lui fit une réponse sur cet article ; c'est la *vingtieme piece de la vingtdeuxieme liasse,* minute de la main de Baboeuf.

Ce que nous venons de voir d'exactitude et d'activité dans le concert établi entre le directoire de salut public et les principaux agens révolutionnaires établis près les douze arrondissemens de Paris, voulons-nous le retrouver entre ce même directoire et les agens militaires ? voulons - nous reconnoître avec quel fatal succès les conjurés avoient déja semé dans quelques corps de troupes les germes de l'insubordination et de la révolte? Commençons par donner lecture des premières instructions qui furent adressées aux agens militaires avec leurs commissions. La minute de la main de Babœuf est la *quinzieme piece de la huitieme liasse;* cette minute renvoie aux instructions précédemment dressées par les agens civils; et Babœuf ne fait qu'ajouter ce qui doit y être intercallé pour qu'elles deviennent propres aux agens militaires. ( *V.* N⁰. XI. )

Essaierons-nous de dénombrer la foule d'écrits qui, d'après le plan du comité insurrecteur, furent, par lui et ses agens, composés, imprimés et distribués parmi les troupes? C'étoient des *adresses à l'armée,* des *adresses aux soldats* (quatorzième pièce, septième liasse ) ; c'étoit la *voix d'un soldat à ses freres d'armes* ( dix-septième pièce, septième liasse ); c'étoit une *lettre aux soldats citoyens* ( dix-neuvième pièce, septième liasse) ; c'étoit une *lettre aux armées campées devant Paris* ( 25ième pièce, septième liasse ) ; *adresse à l'armée de l'intérieur* ( vingt-huitième pièce, huitième liasse ); c'étoit la *lettre de Franc-libre à son ami la Terreur;* c'étoit *la légion de police à elle-même; le peuple sans-culotte à la légion de police;* c'étoient les affiches, *Soldat, arrête,* et, *Soldat, arrête encore.*

Qui pourroit se résoudre à analyser ces abominables écrits, où l'on engageoit les soldats à secouer le joug de la discipline, à massacrer leurs chefs, à venir, leurs têtes ensanglantées à la main, les présenter au peuple comme l'horrible gage d'un secours certain dans le mouvement insurrectionnel ( *cinquieme piece, deuxieme liasse.* )

Non, nous ne pouvons pas nous résoudre à rappeler ici toutes les maximes atroces que le comité insurrecteur faisoit circuler par ses nombreux agens dans les divers corps armés qui furent successivement appelés autour de Paris depuis près de deux ans. Nous ne rappellerons point ici tous les témoignages qui existent aux pièces, que les agens militaires parvenoient à répandre dans les camps les divers écrits émanés du directoire secret, avec qui ils entretenoient la correspondance la plus active. Rendons un éclatant hommage à tant de bataillons qui surent résister à la contagion; mais arrêtons-nous sur un événement notoire qui n'appartient qu'à un corps qui n'existe plus. Nous voulons parler de la légion de police.

Ce fut dans les premiers jours de floréal que l'insubordination éclata dans ce corps. Le gouvernement avoit reconnu la nécessité de l'éloigner de Paris, où il étoit trop exposé à la séduction. Le Corps législatif venoit de rendre une loi qui, l'assimilant aux autres corps armés, le mettoit à la disposition du Directoire; le Directoire venoit de lui donner des ordres pour son départ aux frontières; les légionnaires refusoient d'obéir. C'est à ce moment que se fabrique, au comité insurrecteur, une adresse à cette légion, au nom du *peuple sans-culotte de Paris*. Voici cette pièce qui se trouve en expédition de la main de Pillé ( *V*. N°. XII. )

Il paroît que Germain étoit à la tête des mouvemens de la légion de police; il en étoit le principal instigateur. On va voir avec quelle exactitude il rendoit compte de tout au directoire de salut public. La pièce qu'on va lire est le détail qu'il transmettoit des événemens du 9 floréal. C'est d'heure en heure qu'il faisoit passer des avis qui se retrouvent en minute dans la deuxième liasse des papiers saisis avec Babœuf : *V*. N°. XIII. )

Voici maintenant une réponse qui est adressée à Germain : c'est la seizième pièce de la deuxième liasse; c'est une minute de la main de Babœuf, qui écrit, au nom du directoire de salut public, à Ch. G. ( *V*. N°. XIV. )

Graces soient rendues au génie tutélaire de la France, qui détourna un si violent orage! Toutes les manœuvres des conjurés avortèrent. Mais vous allez trouver de nouvelles preuves de ces manœuvres jusques dans les expressions de la rage que Charles Germain exhaloit en annonçant au directoire de salut public comment venoient de s'évanouir toutes les espérances que les conjurés avoient eues de saisir cette occasion pour faire éclater l'insurrection qu'ils projetoient. Voici cette lettre de Germain, qui est, en original, la *quatorzième pièce de la deuxième liasse* ( *V*. Nº. XV. )

Enfin, pour compléter la preuve que la révolte de la légion de police fut l'œuvre des conjurés, il faut encore lire les circulaires que le directoire insurrecteur prépara, les 10 et 17 floréal, pour les agens des douze arrondissemens. Plusieurs expéditions de la première sont les pièces *soixante-huit et suivantes jusqu'à la soixante-dix-septieme de la septieme liasse*; la seconde est la *soixante-troisieme piece de la même liasse.* Elles sont ainsi conçues : ( *V*. Nº. XVI et XVII. )

Qui osera maintenant affecter l'incrédulité sur l'existence de la conjuration, sur la réalité de ses projets, sur les commencemens d'exécution du plan des conjurés ? Qui osera dire et répéter que les actes d'accusation ne présentent qu'une fable grossière, lorsque ce sont des pièces émanées des principaux accusés, reconnues par eux, qui prouvent les faits ? Qui osera dire qu'il ne faut voir dans tout ceci que de vains projets, lorsqu'on tient les preuves d'une organisation complète, d'un plan convenu, de mille et mille efforts pour le faire réussir ; lorsqu'on voit enfin que les conjurés eux-mêmes ont cru toucher au moment de l'exécution ?

« La tyrannie se meurt, porte une circulaire du direc-
» toire de salut public en date du 7 floréal ; elle perd
» la tête, et ne sait plus quel parti prendre ; elle voit le
» danger où il n'est pas ; elle applique des mesures bien
» loin de ce qui la menace véritablement ; elle ne se doute
» même pas quels sont ses vrais moyens. Réjouissons-nous-

» en, tirons-en de nouveaux motifs d'encouragement. Il
» nous est donc prouvé par là que nous n'avons ni traîtres
» ni indiscrets parmi nous. Nous justifierons l'adage, qu'un
» grand secret peut être gardé, même par beaucoup de
» monde, lorsque chacun y est vraiment intéressé. »

Hâtons-nous, porte une autre circulaire en date du
8 floréal, dont une expédition revêtue du cachet du
directoire de salut public, imprimé en cire noire, se
retrouve dans les pièces ( *septieme piece de la vingt-
unieme liasse* ). « Les circonstances nous pressent et
» nous entraînent; le moment d'affranchir notre pays n'est
» peut-être pas aussi loin, etc, etc. ( *V. N°. XVIII.* ) »

« Le moment est arrivé de terrasser la tyrannie », écrivoit encore le directoire de salut public à ses agens,
le 9 floréal : « tiens-toi prêt, et mets en mesure tous
» les patriotes de ton arrondissement. Nous veillons pour
» la liberté, et nous ne tarderons pas à te faire passer les
» ordres qui doivent sauver le peuple. »

Nous n'examinerons pas si, pour juger de la culpa-
bilité morale et légale des accusés, il ne suffiroit pas
de l'opinion qu'ils avoient eux-mêmes de leurs projets ;
mais nous demanderons s'il est encore un homme de
bonne foi qui puisse révoquer en doute qu'il y a eu
une conjuration, que les conjurés avoient déja beaucoup fait pour accomplir leurs horribles desseins.

Nous demanderons à ceux qui voudroient encore
afficher quelques doutes, à quel point il faudroit que fût
parvenue une conjuration pour qu'ils se déterminassent
à y croire, pour que les auteurs pussent commencer à
leur paroître criminels. Faudroit-il qu'elle eût éclaté ?
Des torrens de sang et des monceaux de cadavres se-
roient-ils les seuls témoignages qui pussent les con-
vaincre ?

Quol ! vous refuseriez de croire à la réalité de la
conspiration, lorsque vous voyez un directoire insurrecteur qui s'est constitué, qui a organisé ses nom-

breuses agences, qui leur a fait passer ses instructions ; lorsque vous voyez des agens fidèles aux instructions qu'ils ont reçues, les exécuter dans tous les points, et en rendre journellement les comptes les plus exacts ?

Quoi ! vous ne trouveriez pas des commencemens d'une exécution déja criminelle dans ces écrits incendiaires répandus avec profusion, dans ces grouppes, dans ces compagnies d'afficheurs, organisés avec tant de soins, dans ces petits clubs multipliés avec tant de succès, dans l'emploi de tant de moyens à l'aide desquels vous avez vu qu'on entretenoit, qu'on excitoit l'effervescence populaire, qu'on souffloit l'esprit d'indiscipline et d'insubordination dans les troupes !

Quoi ! vous ne commencez pas à trembler pour la patrie, et à croire qu'elle doit être vengée de ceux qui ont médité et préparé sa ruine, lorsque vous voyez tous les élémens de la plus affreuse insurrection déja préparés ! Déja on s'est assuré de tous ceux sur qui on peut compter ; on a des listes nombreuses de ceux qu'on appelle *patriotes*, *démocrates, ayant des talens propres à révolutionner* ; on s'est assuré de canonniers et de canons ; on a nommé des généraux, des capitaines ; on a marqué où l'on trouveroit des armes, des munitions, des subsistances ; un corps armé de six mille hommes étoit en révolte ouverte ; les conjurés eux-mêmes croyoient n'avoir qu'un moment à attendre pour donner le signal de l'insurrection ; et vous vous refusez à croire qu'il y ait eu une conjuration !

Vous calculez froidement si les moyens répondoient à l'importance du but qu'on se proposoit ; vous examinez quelle probabilité il pouvoit y avoir que le projet des conjurés réussît ou ne réussît pas !

Eh ! c'est bien de cela qu'il s'agit ! Depuis quand donc celui qui se plaint et demande vengeance d'un assassinat dont il a pensé être la victime, est-il obligé de justifier que l'assassin avoit pris absolument tous les moyens les plus sûrs pour consommer son attentat ? faudra-t-il ne reconnoître de crime que là où se trouvera la plus complète combinaison des mesures les plus propres à l'exécuter ?

Ah ! s'il falloit prouver qu'il n'y a eu que trop de réalité dans le danger que faisoit courir au gouvernement, à Paris, à la France entière, la conspiration dont il s'agit, nous renverrions à la lettre que Babœuf a écrite au Directoire depuis son arrestation, où l'invitant de traiter avec lui *de puissance à puissance*, il ne lui dissimuloit pas que les *captureurs n'avoient saisi que quelques fragmens de la grande correspondance de la vaste secte sans-culottide dont il étoit le centre, et qui formoit un parti capable de balancer celui du gouvernement;* nous citerions les preuves éparses dans les pièces qui constatent que tout ce que la France contient de plus abject et de plus féroce, étoit appelé et réuni dans Paris; nous ferions sentir que les conjurés pouvoient compter, comme autant d'auxiliaires assurés, tous ceux qui, ayant été les suppôts du régime révolutionnaire, ne pouvoient qu'aspirer au moment de renverser tout gouvernement constitutionnel. Mais, sans approfondir tous les secours sur lesquels les conjurés pouvoient compter au moment d'une insurrection, à ce moment où les hommes ambitieux et pervers arment l'homme qui n'a rien contre celui qui possède, l'ignorance contre les talens, le vice contre la vertu, nous osons dire que les seuls moyens connus et justifiés par les pièces n'étoient que trop suffisans pour autoriser les conjurés à croire qu'ils pouvoient réussir.

Nous ne chercherons point dans l'histoire si un Artavelle à Gand, si un Rienzi à Rome, si un Mazaniello à Naples, n'agitèrent point leur patrie des plus horribles convulsions, avec des moyens infiniment moins bien concertés que ceux dont nous avons rendu compte : mais, nous bornant à deux des principales époques de notre propre révolution, nous demanderons d'abord aux auteurs impunis des trop fameux massacres de septembre 1792, si leur exécrable projet avoit été aussi bien combiné que celui dont il s'agit, s'ils avoient des agens aussi nombreux que le comité insurrecteur de l'an 4, s'ils s'étoient assurés d'autant de coopérateurs ; et cependant Paris étonné, stupéfait, a, pendant six jours entiers, vu massacrer sept à huit mille prisonniers par un petit nombre de brigands !

Et ce 31 mai, ce jour si fatal qui devint le triomphe de l'anarchie et l'époque où commença le règne de la terreur, ce jour où s'établit sur la Convention une oppression qui s'étendit bientôt sur la France entière, ce jour fut-il préparé avec autant de précautions que la conspiration qui devoit éclater le 21 floréal dernier ? Le comité secret qui prépara le 31 mai, étoit-il mieux organisé que le comité insurrecteur ? ses mesures étoient-elles mieux concertées ? le nombre de ses sicaires étoit-il aussi considérable ? Et cependant la révolution du 31 mai se trouva consommée. Ce fut au milieu de cent mille hommes se disant armés pour la défense de la Convention, qu'un petit nombre de scélérats réussirent à l'opprimer, à la tyranniser, et à leur livrer ceux qu'ils croyoient capables de résister à leurs affreux projets.

*De l'audace, encore de l'audace, et toujours de l'audace*, s'écrioit Danton ; *voilà tout ce qu'il faut pour déterminer les crises d'une révolution.* Aussi pouvons-nous voir que l'audace est le sentiment auquel les conjurés se rappellent sans cesse les uns les autres dans les affreux monumens de leur sanguinaire correspondance.

Peut-être pourrions-nous terminer ici notre exposé. Ce qui avoit été fait par les conjurés, se trouve suffisamment développé et assez pleinement justifié par les pièces du procès ; mais nous ne croyons pas inutile de suivre dans les mêmes pièces les indications et les preuves de ce que ces mêmes conjurés se proposoient de faire.

Une insurrection étoit le premier but des conjurés. Ici nous serions comme accablés de la multitude des preuves que nous pourrions détailler ; mais qu'il nous suffise de présenter en ce moment une circulaire préparée pour les agens au nom du directoire de salut public : la minute, de la main de Buonarotti, avec divers amendemens de la main de Babœuf, est la *dixieme peice de la sixieme liasse*. Les *onzieme*, *douzieme*, *treizieme*, *quatorzieme et quinzieme pieces de la même liasse*, ainsi que les *onzieme et douzieme de la septieme liasse*, sont des expéditions, de la main de Pillé, de la même circulaire. Voici ce qu'on y lit : ( *V*. Nº. XIX. )

Qu'on parcoure maintenant la correspondance des agens, on verra qu'effectivement les couronnes, les guidons, les placards, les trompettes, tout étoit prêt ; et ce qui l'étoit aussi, c'est le manifeste destiné pour ce moment d'insurrection. Des milliers d'imprimés existent au procès ; ils remplissent trois sacs et une caisse saisis au local occupé par Babœuf. Voici cet acte d'insurrection : ( *V*. Nº. XX.

L'acte dont il vient, citoyens jurés, de vous être donné lecture, énonce déja tous les crimes qui devoient être la suite de ce premier crime, de cette insurrection partielle, le plus coupable des attentats, puisque c'est la révolte d'une minorité audacieuse contre la majorité, contre la souveraineté nationale ; mais une foule de pièces va justifier que tout étoit prêt pour mettre à exécution chacun des articles de l'acte insurrectionnel, et même pour pousser le brigandage et le massacre bien au-delà de ce qui étoit annoncé par cet acte.

L'article XI de cet acte annonçoit que les deux Conseils et le Directoire seroient *dissous* ; que tous les membres qui les composoient seroient immédiatement jugés par le peuple, comme *usurpateurs de l'autorité souveraine*. Vous allez voir l'affreux commentaire de ce texte déja si criminel.

Nous avons déja vu que des guidons et des placards étoient tous préparés , qui, au milieu de l'insurrection, auroient mis sans cesse sous les yeux d'une multitude égarée , cette trop dangereuse maxime : « *Ceux qui usurpent la souveraineté du peuple , doivent être mis à mort par les hommes libres.* »

Trop fidèles à cette maxime , voici une partie des mesures concertées entre les conjurés, pour massacrer les membres du directoire et une partie de ceux des deux Conseils que l'acte d'insurrection déclaroit *usurpateurs de l'autorité populaire.* »

« Les chouans du Corps législatif » , lit-on, tant dans la *seconde piece* de la *seconde liasse*, que dans la *premiere piece* de la *dix-neuvieme liasse*, « se réunissent » tous les jours , rue de Clichy ; ils sont au nombre » d'environ trois cents ; ce rassemblement a lieu une » partie de la nuit ; on peut prendre le plan de cette » maison , et en la cernant il en échapperoit peu. »

Tel étoit l'avis que l'agent du troisième arrondissement avoit fait passer au directoire secret de salut public ; et ce directoire l'avoit tellement adopté , qu'il le fit entrer dans les *instructions additionnelles* qui furent adressées , sous son nom , aux agens militaires. La minute de ces instructions, de la main de Baboeuf, forme la *deuxieme piece de la deuxieme liasse.*

« *S'emparer des deux Conseils ; tuer tout député* » *qui paroîtroit pour l'exercice de ses fonctions ; s'em-* » *parer des salles des Anciens et des Cinq Cents ; faire* » *main-basse sur tout ce qui s'y rendroit* » : ce sont les expressions qui se lisent dans la *trente-quatrieme piece de la huitieme liasse*, et dans la *neuvieme piece de la deuxieme liasse ;* cette dernière intitulée , *Instruction principale sur ce qu'il faut faire.*

Dans les *instructions additionnelles*, envoyées par le directoire secret aux agens militaires que nous citions il n'y a qu'un instant ( *deuxieme piece, deuxieme liasse* ), il faut encore remarquer des vues qui leur avoient été communiquées par le général Ganier ; vues que le directoire recommandoit aux agens, *comme de nature, disoit-il, à pouvoir s'adapter à vos plans et aux nôtres.*

« Pour s'assurer des deux Conseils, le mouvement
» doit avoir lieu à la pointe du jour ; il ne faudra que
» faire garder chacune des issues qui communiquent au
» Carrousel et au Tuileries. Le chef de chacun des pos-
» tes doit être un homme *sûr et entreprenant*, et dans la
» foule doivent être jetés des hommes *bien armés qui
» tirent sur tous les députés* qui voudroient se présenter
» dans les rues ou ailleurs, en costume. »

La *sixieme piece de la deuxieme liasse* est un rapport écrit de la main de Germain, au nom des agens militaires, adressé au directoire de salut public, et par lui recueilli, puisqu'il porte une date du 16 floréal, que Babœuf y a apposée lui-même. Ces agens communiquent leur plan qu'ils soumettent au comité, *à qui,* disent-ils, *il appartient de décider si le mouvement doit éclater le jour ou la nuit.* Or, dans les mesures d'exécution qu'ils annoncent, on distingue celle-ci : *Les quartiers populeux des halles* tombent dans les Tuileries, *cernent les deux Conseils, s'y introduisent et font leur* TERRIBLE OFFICE.

Voilà donc comment les conjurés se proposoient de dissoudre les deux Conseils : c'étoit en massacrant ceux des députés qu'ils ne croyoient pas propres à devenir leurs complices ou leurs esclaves ; et ces massacres, c'étoit ce qu'il falloit entendre par le jugement populaire annoncé dans l'acte insurrectionnel ; c'étoit un jugement de septembriseurs ; c'étoit un jugement tel qu'en subit Ferraud, sous le fer des assassins de prairial, l'an 3.

Tu ne fus pas frappé dans ce jour, Boissy-d'Anglas ; ton héroïque constance en imposa aux assassins : mais ta mort étoit jurée parmi ces nouveaux conspirateurs. C'est en caractères de sang que leur rage a retracé ton nom dans tous leurs écrits.

Le massacre du Directoire n'étoit pas moins résolu que celui de la majorité des deux Conseils.

La neuvième pièce de la deuxième liasse, intitulée *Instruction principale sur ce qu'il faut faire*, portoit: « S'emparer du Directoire, le juger sur - le - champ, » arrêter tout directeur trouvé dans les rues, et le faire » conduire à son poste, pour être jugé.

» Les fauxbourgeois de Marceau », mandèrent les agens militaires au directoire secret, en lui annonçant leur plan, « se répandroient avec les caserniers des rues » Mouffetard et de l'Oursine, *vers et dans la caverne* » *directoriale, égorgeant tout ce qui s'oppose, ou* » *paroît même s'opposer.* »

L'agent du troisième arrondissement avoit donné avis (*premiere piece, dix-neuvieme liasse*), qu'il y avoit au Luxembourg des escaliers dérobés communiquant sur le jardin, par lesquels, disoit-il, les *sires pouvoient s'évader*; qu'il étoit des issues souterraines et aboutissant, l'une à l'Observatoire, l'autre au Val-de-Grace, une à la barrière Saint-Jacques, une aux carrières du petit Gentilly. Le directoire secret n'avoit pas manqué de faire entrer ces avis dans les instructions aux agens militaires (*deuxieme piece, deuxieme liasse*), et ces agens annonçoient dans leur rapport, daté par Baboeuf du 6 floréal (*cinquieme piece, deuxieme liasse*), qu'ils ne manqueroient pas de placer aux issues de ces souterrains des postes de *braves*.

Aussi, *tuer les cinq*, sont les premiers mots de la trente-quatrième pièce de la huitième liasse, constatée être de la main de Darthé; pièce qui résume tout ce qui paroît avoir été arrêté dans les conseils secrets des conjurés. Il est vrai que ces mots se trouvent raturés; mais ce fut par Baboeuf, lorsqu'il parapha chez le ministre de la police toutes les pièces saisies au local qu'il occupoit. C'est ce qui a été reconnu et constaté par des rapports qui certifient que cette rature n'empêchoit, ni de distinguer les mots, *tuer les cinq* ; ni de vérifier l'écriture de Darthé dans ces mots, comme dans le reste de la pièce.

Voilà donc le prix que réservoit au Directoire un parti pour lequel la plus fausse politique l'avoit engagé à avoir tant de ménagemens ! Comment les membres du Directoire avoient-ils pu oublier que ce parti ne vouloit ni constitution ni gouvernement ; qu'après avoir amené, provoqué, fait éclater la journée de vendémiaire, ce même parti n'avoit rien négligé pour s'attribuer tout le profit de la victoire, maintenir, prolonger encore le régime révolutionnaire, et rappeler le règne de la terreur ?

Quelle a été l'erreur du Directoire, lorsqu'il a paru penser que ce parti seroit satisfait de l'avoir composé à son gré, lorsqu'il a paru penser qu'il le calmeroit, en lui rendant, en échange des nominations qu'il tenoit de lui, toutes les places dont il pouvoit disposer, sous les pouvoirs qu'il pouvoit déléguer, toutes les richesses qu'il pouvoit prodiguer !

Sera-ce donc l'éternelle et inévitable destinée de tous ceux qui régissent les empires, sous quelque titre et sous quelque forme que ce puisse être, de ne pouvoir distinguer leurs vrais amis ni leurs véritables ennemis ! n'avons-nous pas vu, dans plusieurs des pièces que nous avons citées, avec quelle maligne joie les conjurés se félicitoient de ce que le Directoire ne pouvoit se résoudre à les soupçonner, cherchoit toujours ailleurs ses adversaires, et rendoit ainsi sa chûte presque infaillible ?

Puisse cette grande leçon apprendre enfin à tous ceux qui sont appelés à gouverner, qu'il n'est point de pacte solide avec le crime, qu'il n'y a pas de composition à faire avec les scélérats, et que la justice seule peut affermir la puissance !

Mais écartons ces réflexions nées trop naturellement du sujet que nous avons à discuter, et suivons les preuves consignées dans les pièces du procès, que tout étoit disposé par les conjurés pour l'exécution des mesures annoncées par l'acte insurrectionnel.

Après la dissolution et le massacre, tant des deux Conseils que du Directoire, la Convention devoit, aux termes de l'article XI de l'acte insurrectionnel, se réunir à l'instant et reprendre ses fonctions; mais attendu *le vuide dans le sein de la représentation résultant de l'extraction des usurpateurs de l'autorité nationale*, il devoit lui être adjoint, suivant l'article XX, un membre par département, pris parmi les démocrates les plus prononcés, et sur-tout parmi ceux qui auroient le plus activement concouru au renversement de la tyrannie.

Ici il devient nécessaire d'entrer dans quelques détails pour jeter quelque jour sur un des points les plus importans de la conjuration; point duquel peut dépendre le sort d'une partie des accusés, *les ex-conventionnels*.

Tandis que Babœuf et ses adhérens préparoient et méditoient la conjuration dont nous avons développé le plan, l'organisation et les projets; une autre, et même assez probablement deux autres, se tramoient sous la direction d'ex-conventionnels non réélus, et de quelques autres personnages.

Un voile épais couvre jusqu'à présent ces autres conjurations de ténèbres que nous ne sommes point chargés de pénétrer. Nous n'avons à vérifier que les rapports qui ont eu lieu entre elles et celle qui fait la matière du procès soumis à la Haute-Cour.

C'est une attention que les conjurés ne peuvent manquer d'avoir, que celle de tâcher de reconnoître s'il n'existe point d'autres conjurés, pouvant former obstacle à leurs desseins, ou qui, ayant des projets d'une nature plus ou moins semblable, puissent se trouver dans le cas de recueillir le fruit des évènemens. L'histoire des révolutions présente tant de ces journées qu'on appelle *journées de dupes*, qu'il ne faut pas être fort expert en conjuration pour sentir qu'il ne faut *miner* qu'avec assez de circonspection pour s'assurer si l'on n'est pas *contreminé*, soit par des ennemis, soit par de faux amis.

Ce caractère essentiel et frappant d'une conjuration ne manque pas de se retrouver ici. Nous allons voir nos conjurés éventer les manœuvres des conjurés de même genre, laisser, à ce qu'il paroît, de côté une classe qu'ils ne jugèrent point sans doute praticable de réunir à eux, et associer une autre classe à leurs plans et à leurs projets.

Il y eut d'abord de la part du comité insurrecteur, dont Babœuf convient qu'il étoit l'apôtre, dont nous croyons pouvoir affirmer dès à présent qu'il étoit le chef; il y avoit, d sons-nous, de la part de ce comité, la plus grande répugnance à correspondre avec les ex-conventionnels non réé'us, non plus qu'avec tout ce qui avoit gouverné jusques-là et exercé quelque pouvoir. On va voir dans une circulaire du directoire de salut public à ses principaux agens révolutionnaires, quelle étoit sa politique. On y reconnoîtra facilement celle d'une ambition ombrageuse qui redoutoit de trouver des rivaux avec lesquels il faudroit partager le pouvoir. Voici cette pièce, dont se retrouvent deux expéditions de la main de Pillé, l'une *quatre-vingt-douzieme piece de la septieme liasse*; l'autre, la *seizieme piece de la vingt-cinquieme liasse*: celle-ci est même revêtue du cachet en cire noire du directoire secret de salut public ( *V*. No. XXI. )

Nous rapprochons des indications qui commencent à se trouver dans la pièce qu'on vient de lire sur l'existence d'un second comité d'insurrection, sur des projets de mouvemens autres que ceux que méditoient Babœuf et ses adhérens, une autre pièce également remarquable : c'est le compte que rend *Ch. G.* à *Babœuf*, d'une conversation qu'il venoit d'avoir avec *Barras*. L'original de la lettre de Germain est la *quatre-vingt-seizieme piece de la septieme liasse*, et c'est Babœuf qui a marqué la date du 3o germinal; elle est ainsi conçue : ( *V.* N°. XXII. )

Quels étoient les *plans*, quelles étoient les *batteries* que Barras avoit tant de regret de voir *désorganiser et démolir* par ce qu'il appeloit *les inconséquences* de Germain et de ses associés ? Le comité insurrecteur croyoit reconnoître la *faction d'Orléans*. Qu'on parcoure la *quatrieme piece de la deuxieme liasse*, la *vingtieme de la septieme*, *la premiere et la troisieme de la dix-huitieme* ; on y verra que nos conjurés ne doutoient pas qu'il n'y eût en activité une *faction d'Orléans* qu'ils supposoient conduite par les Barras, les Legendre, les Tallien, les Fréron, les Dubois-Crancé, les Merlin de Thionville, etc. etc.

Faudra-t-il enfin reconnoître là une véritable *faction d'Orléans*; cette faction toujours dénoncée, quelquefois poursuivie, et jamais manifestée ; ce Protée qui semble s'être échappé au moment même où l'on croyoit l'avoir saisi ?

Mais laissons à l'histoire la recherche des causes secrètes, des intrigues cachées : peut-être reconnoîtra-t-elle qu'on s'est égaré dans la poursuite de cette faction, lorsqu'on a voulu la chercher dans les rôles supérieurs de la révolution, tandis qu'elle n'y occupoit que des rôles accessoires et subalternes : on reconnoîtra peut-être que cette faction d'Orléans n'a souvent été qu'un fantôme auquel il n'a été donné tant de consistance que par ceux qui, ayant intérêt d'attaquer un parti, ne pouvoient le faire avec plus d'avantages qu'en le liant à un nom justement abhorré : peut-être reconnoîtra-t-on que cette qualification de *faction d'Orléans*, successivement donnée à tant de partis divers et opposés qui se sont dévorés les uns les autres, n'a souvent eu d'autre fondement que le tort impardonnable que tous les partis eurent tour-à-tour, de laisser souiller la liste de ceux qui les composoient de ce nom infame, propre à déshonorer même la plus vile cabale, tandis que l'être odieux qui le portoit n'étoit réellement capable d'être ni l'ame, ni le cœur, ni la tête d'aucune faction.

Quoi qu'il en soit, sans chercher à pénétrer si une véritable faction d'Orléans, dans le cas même où elle n'auroit pas existé plutôt, n'auroit pas commencé à se former depuis le supplice unanimement applaudi de celui qui lui a donné son nom, il nous suffit ici d'avoir reconnu un caractère essentiel d'une conspiration dans les soins avec lesquels le comité Babœuf recueilloit tous les avis qui lui étoient donnés, de quelque faction, de quelque conjuration autre que la sienne. Nous ne voyons pas qu'il ait fait aucune tentative pour se réunir à ceux qu'il croyoit former la *faction d'Orléans*, sur lesquels nous n'aurons point par conséquent à revenir, à moins que Germain n'explique la dernière phrase de sa lettre à Babœuf, à moins que celui-ci ne se détermine enfin à *ébranler les colonnes*, suivant les expressions de son interrogatoire (1). Mais suivons les indices de la conjuration

---

(1) Peut-être n'a-t-il jamais été aussi nécessaire qu'il le seroit en ce moment, de bien distinguer les partis et les factions, d'assigner à chacune sa véritable place, de déterminer ce qui lui appartient spécialement, de discerner les points sur lesquels elles ont les mêmes vues, sans supposer pour cela qu'elles agissent de concert.

On ne peut douter qu'il n'ait existé et qu'il n'existe *des Orléanistes* : mais quelle part ont-ils eue dans les grands et mémorables évènemens de la révolution ou dans les crimes qui l'ont souillée ? C'est ce qu'il n'est pas facile de déterminer, et j'ai peine à croire que, *jusques à présent*, un parti ait pu être qualifié *faction d'Orléans*.

Une faction emprunte sa qualification principale de son chef, lorsqu'il est formellement reconnu, lorsqu'il se déclare hautement, ou du moins lorsque la majeure partie de ceux qui la composent

*Exposé par Viellart.*                                       D.

ex-conventionnelle, sur laquelle nous avons plus de renseignemens, parce que le comité de Babœuf finit par
se lier avec elle.

« Je sais que de faux frères », porte la *deuxieme
piece de la dix-septieme liasse*, qui fait partie de la
correspondance de l'agent du cinquième arrondissement, et qui est de l'écriture de Germain écrivant au
nom de cet agent, nommé Guilhem; « je sais que de
» faux frères intriguent pour les Amar, les Choudieu

---

et la conduisent, travaillent *directement* pour lui, pour ses intérêts,
conformément à ses ordres et à ses instructions. Quelquefois, au
contraire, c'est du sentiment dominant de la multitude agitée qu'un
parti tire son caractère principal : ainsi, dans une guerre de religion,
ce n'est ordinairement que la multitude qui reçoit l'impulsion d'un
tel mobile, tandis que les chefs n'écoutent que la politique et l'ambition : c'est ce qui a pu se reconnoître dernièrement dans la guerre
de la Vendée.

Lorsqu'en vendémiaire de l'an 4 le peuple de Paris se sou-
leva, indigné des attentats portés aux droits les plus sacrés de la
nation, et trop justement alarmé du nouvel ascendant que le ter-
rorisme reprenoit sensiblement alors dans la Convention, on ne
peut douter que des *royalistes* cherchèrent à se mettre à la tête du
mouvement, et à le faire tourner au *profit* de leurs desseins, comme
les agens de certaine partie de la Convention s'y mêèrent pour
précipiter les sections de Paris dans les mesures les plus illégales
et les plus inconsidérées. Mais les prétendus chefs royalistes n'ayant
point été avoués, reconnus, le mouvement de vendémiaire n'a pu
et ne peut être qualifié *royaliste*; il a été condamné par le droit
canon, mais il a été solemnellement reconnu qu'il n'y avoit pas eu
conspiration.

D'Orléans a eu, quelques instans, de la popularité; il l'avoit acquise
dans la querelle des parlemens en 1788 : mais cette popularité éphé-
mère céda bientôt au mépris qu'on avoit toujours eu pour lui. Ainsi
on ne peut pas dire qu'il y ait eu un instant dans la révolution où
l'affection populaire ait produit un mouvement qui eût d'Orléans
pour *objet direct*.

D'un autre côté, d'Orléans ne s'est jamais déclaré chef d'un parti :
les principaux agens des mouvemens révolutionnaires n'ont jamais
avoué travailler pour lui ni pour ses intérêts. Qui n'en eût pas rougi?

» et autres membres de la députaille conventionnelle,
» qu'on disoit encore hier que le courageux Anto-
» nelle alloit se mettre à écrire pour ce parti. Je sais
» aussi que ces intrigailleurs ne font pas fortune, et
» sont considérés comme des limiers poussés par le
» Directoire. »

Jusques-là les ex-conventionnels, s'ils méditent une conspiration, ne sont point au moins d'accord avec

---

Puis ces principaux agens des mouvemens révolutionnaires ont tant varié ! tant d'intrigans audacieux se sont succédé les uns aux autres, tous avec des vues si diverses, si contraires ! par quel prodige n'eussent-ils été que les instrumens constans d'une même faction ?

D'Orléans, par sa pente naturelle à la bassesse et au crime, et par la force irrésistible des évènemens, a passé dans tous les partis et dans toutes les factions : méprisé dans tous, importun à tous, il a bien fallu qu'il descendît successivement jusques au dernier degré, jusques à la plus vile et la plus atroce des factions, celle de Robespierre, au-dessous de laquelle il ne pouvoit plus s'en former. Alors d'Orléans ne put être poussé qu'à l'échafaud : il y périt.

Sans doute des *Orléanistes* ont successivement aussi passé dans les divers partis, mais en espions, en auxiliaires, mendiant leur secours, et attendant toujours quelque chose des évènemens, plutôt que contribuant à leur donner une direction. Ceux qui la donnoient, cette direction, admettoient d'Orléans et les *Orléanistes* dans leurs rangs, mais pour ne pas les voir passer dans les rangs de leurs adversaires : l'ambition avoit tellement échauffé toutes les têtes, que chacun croyoit pouvoir travailler pour soi.

Aujourd'hui les choses ont bien changé ; les ambitions individuelles dirigées vers le sommet du pouvoir sont peut-être moins multipliées. Peut-être aujourd'hui une faction d'Orléans est formée ou peut se former ; peut-être aussi une autre faction, d'autant plus dangereuse qu'elle a été moins soupçonnée, travaille en silence ; elle auroit si grand besoin de laisser la branche d'Orléans couverte de la haine et du mépris public, que je trouve suspect ce soin d'entretenir, de réveiller, d'exaspérer ces sentimens ! il ne m'a jamais paru naturel qu'on parlât tant de la faction d'Orléans. Peut-être aussi l'ai-je trop dédaigné. Mon excuse est le souverain mépris que m'inspirèrent toujours le petit nombre d'Orléanistes que j'ai été à portée d'apprécier. (*Note de Viellart comme éditeur.*)

celle de Babœuf et consorts. La répugnance qu'il semble que le comité insurrecteur de Babœuf avoit conçue par jalousie contre les ex-conventionnels, subsistoit encore dans les premiers jours de floréal. Voici ce qu'on apprend à cet égard d'une circulaire du directoire de salut public aux agens des douze arrondissemens, dont une expédition, de la main de Pillé, se trouve la *dix-neuvième pièce de la vingt-unième liasse.*

C'est cette circulaire dont nous avons déjà cité les premiers mots, par lesquels le directoire insurrecteur se félicitoit de ce que le gouvernement, qu'il appeloit *tyrannie, perdoit la tête; de ce qu'il voyoit le danger où il n'étoit pas; de ce qu'il appliquoit des mesures loin de ce qui le menaçoit véritablement; de ce qu'il ne se doutoit pas quels étoient ſes véritables ennemis.*

« Vous savez sans doute déjà, continuoit la circulaire
» que nous citons ici, que le Directoire du Luxembourg
» vient d'ordonner la sortie de Paris à sept ex-conven-
» tionnels qu'apparemment il soupçonne de tramer contre
» le gouvernement ».

L'objet de cet avis, accompagné de la liste des sept ex-conventionnels, Huguet, Amar, Choudieu, Vouland, Charles Vadier, Fayau, étoit d'engager les agens à faire insinuer à tous ceux des proscrits qu'ils pourroient connoître dans leurs arrondissemens respectifs, de se mettre à l'abri de l'arrestation, et de ne point quitter Paris.

« Vous comprenez, reprend la circulaire, que nous
» n'avons, dans cette recommandation, d'autre raison
» politique que celle de ne rien laisser faire qui puisse dé-
» courager les patriotes. Notre sagesse est de résister à
» tous les actes arbitraires du despotisme, de lui donner
» par-tout le démenti; de nous montrer toujours au-dessus
» de ses attentats, parce que c'est cette conduite qui seule
» maintiendra parmi les nôtres la confiance, l'énergie et
» la force du parti. Ce point de vue rempli à l'occasion

» de ces ex-députés, voilà tout ce qu'il nous faut ; éviter
» de leur donner dans cette même occasion aucune im-
» portance, et ne laisser croire ni à eux, ni à personne,
» que l'intérêt qu'on prend à eux est parce que l'on croit
» avoir besoin d'eux. Nous vous répétons ici ce qui est
» dit dans la circulaire du 24 germinal : nous n'avons pas
» besoin d'eux ; les hommes du peuple ne peuvent faire
» quelque chose de grand pour lui et ne peuvent le sauver
» qu'avec lui tout seul ; il faut qu'ils écartent tout ce qui
» est ou qui a été gouvernant. »

Mais cette politique, si l'on peut donner ce nom aux mouvemens de basse jalousie qui dictoient au comité insurrecteur de Babœuf les circulaires dont nous venons de rendre compte ; cette politique, disons-nous, ne tarda pas à changer.

Nous avons vu dans une lettre ci-dessus citée, écrite par Germain au directoire secret de salut public, le 9 floréal, que Fion avoit grande envie d'opérer la réunion des ex-conventionnels au comité insurrecteur de Babœuf. La négociation réussit : on va en trouver la preuve dans des pièces qui développeront les motifs qui déterminèrent les conspirateurs.

Une minute de la main de Babœuf, portant la date du 15 floréal, est celle d'un discours qui paroît avoit été adressé, au nom du directoire de salut public, à des ex-conventionnels reçus dans son sein. Il faut prendre lecture entière de cette pièce vraiment curieuse : c'est la *vingtième pièce de la sixième liasse.* (*V.* N°. XXIII.)

Il paroît que depuis même la réunion, une sorte de division continue entre les ex-conventionnels et les membres du directoire de salut public. Il est aisé de concevoir que, quoique d'accord dans le dessein de renverser par une insurrection le gouvernement établi, il leur étoit difficile de ne pas être divisés sur le partage des dépouilles. La pièce qu'on va lire fera connoître ces détails, et le *post-scriptum* nous apprendra que le dernier état de choses fut l'engagement entre les chefs des deux conspirations de marcher de concert. Une circulaire du directoire de salut public aux agens des douze arrondissemens, dont deux expéditions de la main de Pillé forment les *onzième & douzième pièces de la septième liasse*, mérite la plus grande attention dans tout son contenu. ( *V.* N°. XXIV. )

Ainsi donc, en vertu de cet accord, la Convention nationale se seroit trouvée rappelée au moment de l'insurrection; elle se trouvoit réduite à environ soixante-huit membres qui n'avoient point été réélus; mais c'étoit moins encore pour donner plus de force à ce corps ranimé de ses cendres, que pour conserver au parti de Babœuf toute sa prépondérance sur les ex-conventionnels, qu'il avoit été convenu qu'un membre par département seroit adjoint. Déjà la liste en étoit dressée. La *première pièce de la septième liasse* est la minute de cette liste, qui, en général, est de la main de Buonarotti; mais c'est de la main de Babœuf qu'est le titre portant, *Liste des démocrates à adjoindre à la Convention nationale*; c'est de sa main que sont écrits plusieurs noms; Germain s'est inscrit lui-même pour le département de l'Aude.

Cette liste avoit été mise au net par Pillé. L'expédition se trouve être la *neuvième pièce de la septième liasse.*

Est-il nécessaire de dire ici que ce qu'on se proposoit d'exécuter à l'égard des Conseils et du Directoire devoit l'être également à l'égard des ministres, de l'état-major, du département, de la municipalité de Paris, de toutes les autorités constituées? Les mêmes pièces que nous avons citées, pour démontrer qu'on vouloit s'emparer des Conseils et du Directoire, et en dévouer les membres à la plus horrible proscription; ces mêmes pièces prouvent que les mesures étoient également prises pour s'assurer des ministres, de l'état-major de l'armée de l'intérieur, des membres de toutes les autorités : la mort leur étoit destinée, s'ils voul.ient exercer leurs fonctions. Dans tous les cas, on devoit soumettre à des jugemens populaires ceux qu'on parviendroit à saisir au moment de l'insurrection.

Les *deuxième, troisième, quatrième, sixième, septième, huitième pièces de la septième liasse* sont des listes dressées, mises au net par Pillé, de ceux à qui on devoit distribuer toutes les places, commissions ministérielles, commissions militaires, administration des postes, agences dans les départemens, agences près les armées ; le département, la municipalité, l'état - major, tout étoit nommé ; et, comme l'on peut croire, ce que nous connoissons d'agens de la conspiration se retrouvent dans ces listes d'élections préparées à l'avance.

Et cependant on vouloit essayer de faire croire au peuple, ou du moins à la fraction du peuple dont les conjurés espéroient s'entourer au moment de l'insurrction ; on devoit essayer de lui faire croire que les choix de ces individus dont les listes étoient toutes dressées, seroient son ouvrage. Voici l'exorde d'un discours que Babœuf se proposoit de prononcer à l'instant du succès de l'insurrection, dont il ne doutoit point. La minute, de sa main, est la *dix-neuvième pièce de la sixième liasse.* (*V*. N°. XXV.)

Combien je regrette qu'en ce moment cette enceinte ne puisse s'agrandir ! combien je regrette que les foibles accens de ma voix ne puissent retentir dans toutes les parties de la France ! J'adresserois la parole à ces diverses portions du peuple que l'ignorance rend si crédules, à celles que la misère aigrit ; je l'adresserois à celles même que des passions ou des vices disposent si facilement aux agitations ; je leur dirois : « Voyez dans ses détails le plan » d'une conspiration ; ils sont ici tellement à nu, que l'œil » le moins clairvoyant peut en distinguer tous les ressorts. » Ces démagogues fougueux qui ne vous parlent que de

» votre souveraineté, c'est pour l'usurper; ils vous ir-
» ritent contre le gouvernement et vous excitent à le dé-
» truire, c'est pour s'en emparer: ils enflamment, ils ap-
» paisent à leur gré vos passions; vous n'êtes à leurs yeux
» que des flots qu'ils savent soulever ou calmer selon
» leur intérêt: quand, lâchant les vents les plus impé-
» tueux, ils excitent les plus violentes tempêtes, c'est qu'il
» leur convient de multiplier les naufrages pour s'em-
» parer des riches dépouilles. »

Il est donc réduit en art, ce dangereux système des insurrections! ils sont calculés, combinés, ces moyens d'agiter, de soulever une multitude égarée! et lorsqu'un peuple séduit, trompé, entraîné, croit céder à ses propres sentimens, il n'est que trop souvent l'aveugle instrument de factieux qui lui dictent leurs volontés, qui lui inspirent leurs passions, qui exécutent par lui les sinistres projets, tantôt de la plus affreuse vengeance, tantôt de la plus insatiable cupidité, tantôt de l'ambition la plus effrénée.

On vous agitoit, après vous avoir organisés, grouppes nombreux, clubs secrets, au milieu desquels grondoit en germinal et en floréal l'orage qui a été conjuré le 21. La constitution de 1793 étoit un des mots de ralliement qu'on vous proposoit. Par combien de journaux, de pamphlets, ne vous excitoit-on pas à rappeler à grands cris cette constitution de 1793? Ce mot, qu'on vous avoit habitués à répéter avec un enthousiasme factice, devoit être inscrit en gros caractères sur les guidons autour desquels vous deviez vous réunir au moment de l'insurrection: eh bien, vos conducteurs, vos chefs, ne vouloient pas même cette constitution de 1793. Toute constitution, quelque défectueuse qu'elle puisse être, gêne toujours les factieux comme les despotes. Le comité insurrecteur n'en vouloit aucune.

Remarquons qu'après même la réunion de la prétendue Convention, le comité insurrecteur de salut public devoit rester en permanence jusqu'à ce qu'il appeloit *l'accomplissement total de l'insurrection.* Remarquons que les agens des conjurés alloient être investis de tous les pouvoirs et occuper toutes les places. Voici maintenant quelques passages où leurs vues secrètes se montrent d'une manière peu équivoque.

L'agent du douzième arrondissement, dans un rapport adressé le 28 germinal au directoire secret ( *vingtième pièce, dixième liasse* ), annonçoit que l'un des principes qu'il cherchoit à faire valoir étoit l'amour de la pure démocratie ; qu'il cherchoit à faire sentir la nécessité de renverser le code affreux de 95, pour obtenir celui de 93, *seul acheminement,* disoit-il, *pour parvenir à la démocratie.*

« La constitution de 1793 », lit-on dans le manifeste des égaux (*cinquante-deuxième pièce de la septième liasse*), « est un grand pas de fait vers l'égalité réelle : on n'en » avoit pas encore approché de si près ; mais elle ne » touche pas encore le but et *n'aborde point le bon-* » *heur commun.* »

Tel étoit donc le sort attaché à cette constitution de 1793, de n'être jamais qu'un vain projet, qu'un ridicule simulacre ! Ses premiers auteurs l'avoit dévouée à l'oubli aussitôt après l'avoir fait accepter ; et ceux qui feignoient de la rappeler, ne la présentoient encore au peuple que pour la lui enlever aussitôt qu'il auroit cru l'avoir reconquise : ainsi dans ces plaines fangeuses, des feux trompeurs ne se présentent au voyageur crédule que pour disparoître après l'avoir égaré.

Et vous, royalistes insensés qui, n'écoutant qu'un aveugle ressentiment, appelez trop souvent, du moins par vos vœux homicides, la furie de la vengeance contre tous ceux qui ont contribué à la chûte de votre idole chérie ; vous qui, peut-être, éprouvez au fond de vos cœurs un honteux regret que Babœuf et ses complices aient échoué dans leurs projets ; vous qui vous flattiez de pouvoir faire tourner à votre avantage le mouvement qu'ils préparoient : apprenez que par la même politique Babœuf et ses complices se promet-toient bien de vous faire concourir à une partie de leurs vues, et apprenez quel sort vous étoit réservé si vous aviez paru, fût-ce pour y applaudir ou pour les seconder, aux premiers essais des insurrecteurs.

Le piége vous étoit tendu. Consultez la *trente-sep-tième pièce de la septième liasse :* vous y verrez qu'on vouloit vous jouer et vous tromper. On devoit, au premier moment de l'insurrection, n'annoncer d'abord que les projets d'attaquer les conseils et le directoire ; on se flattoit que vous vous empresseriez de prêter votre secours ; et lorsqu'avec votre aide on eût rem-pli cette première partie du plan, on annonçoit le reste, et on se flattoit de vous écraser.

Consultez la *septième pièce de la deuxième liasse,* qui sont des observations des agens militaires au co-mité insurrecteur. « Nous sommes sûrs, disent-ils, que » le royalisme s'agite et se dispose : il est à présumer » que, le cœur ulcéré par les désastres presque journa-» liers qu'il a essuyés depuis la révolution, il se met en » mesure pour tirer profit de notre mouvement, ou, tout » au moins, tenter de le faire ; il seroit imprudent de » ne pas le contenir par de fortes réserves. »

Aussi, dans le résumé des mesures à prendre *(trente-quatrieme piece, huitieme liasse, de la main de Darthé,* on y lit cet article : « Si quelques royalistes vouloient » faire résistance, qu'une colonne armée de torches ar-» dentes se porte à l'instant sur le point qu'ils auroient » choisi ; qu'ils soient sommés de rendre les armes, ou » qu'à l'instant les flammes vengent la liberté et la » souveraineté du peuple. »

Et vous, froids égoïstes ; vous aussi, être foibles et pusillanimes, qui cherchez à vous persuader à vous-mêmes que vous pouvez demeurer étrangers à ces orages qui éclatent dans les régions supérieures, supposeriez-vous que vous n'auriez pas été atteints des éclats de la foudre? APPRENEZ QUE LES COMITÉS RÉVOLUTIONNAIRES ALLOIENT ÊTRE RÉTABLIS : lisez l'article 16 de la circulaire, dont la minute, de la main de Buonarotti, et diverses expéditions de la main de Pillé, se trouvent dans la *sixième liasse :* vous verrez qu'il étoit prescrit aux agens d'ordonner, de la part du directoire, à l'instant de l'insurrection, à trois membres des comités révolutionnaires de chaque section qui étoient en exercice avant le 9 thermidor, ET QUI S'ÉTOIENT CONSERVÉS LES PLUS PURS, de rentrer en fonction au premier coup de tocsin.

La minute de l'arrêté du comité insurrecteur rétablissant les comités révolutionnaires se trouve la *quarante-septieme piece de la septieme liasse*, de la main de Buonarotti.

Que vouloient-ils faire les conjurés, à l'aide des comités révolutionnaires? ah! il ne faut ici que se rappeler ce qu'avoient fait ces mêmes comités révolutionnaires avant le 9 thermidor; il ne faut que réfléchir sur ce qu'il étoit de leur essence de faire aussi tôt qu'ils seroient rétablis.

N'est-ce point à l'aide des comités révolutionnaires qu'on avoit vu la tyrannie s'étendre jusqu'aux extrémités de la France et pénétrer jusques dans les plus solitaires asyles? Ces comités n'étoient-ils pas les anneaux de cette chaîne à laquelle les décemvirs avoient attaché la nation entière? Le despotisme est un ulcère qui ronge le cœur d'un État; mais au moyen des comités révolutionnaires, l'anarchie devint une lèpre qui couvrit la surface entière de la France.

N'est-ce point par les comités révolutionnaires que tant des Bastilles nouvelles s'élevèrent? N'est-ce point par eux que trois cent mille Français de tout état, de tout sexe, de tout âge, se trouvèrent chargés de fers? n'est-

ce point par eux que les richesses publiques et particulières se trouvèrent dilapidées? n'est - ce point par eux
que les monumens des arts furent détruits, que les tem-
ples furent profanés? enfin n'est-ce point eux qui étoient
les odieux pourvoyeurs de ces commissions militaires,
de ces tribunaux révolutionnaires qui, pendant dix-huit
mois, ont inondé la France du sang de ses citoyens,
moissonnant sans pitié les talens et les vertus, et con-
fondant, dans leur rage sanguinaire, l'innocente jeu-
nesse, la vieillesse respectable, les pères et les enfans,
les maris et les femmes?

Vous qui vouliez rétablir les comités révolutionnaires,
vous vouliez donc renouveler ces horreurs? car, à quoi
bon des comités révolutionnaires, si votre objet n'étoit
point de remettre en vigueur la législation des suspects,
celle des réquisitions, celle des visites domiciliaires; si
votre intention n'étoit point de recommencer les pil-
lages et les massacres, et d'étendre de nouveau sur la
France ce crêpe funèbre qui l'a couverte pendant dix-
huit mois?

Oui, le pillage le plus universel et les proscriptions les
plus terribles entroient dans les projets de la conspiration. Quant au pillage, nous attestons cette foule de
pièces où l'on voit que la distribution de la fortune des
riches étoit annoncée, promise aux indigens qu'on
cherchoit à soulever; nous attestons ces circulaires du
directoire insurrecteur aux agens pour connoître les magasins publics et particuliers; nous attestons les réponses
des agens qui n'avoient pas manqué de donner toutes
ces indications; nous attestons les minutes de deux arrêtés du directoire insurrecteur, qui sont les *quarante-
cinquième & quarante-sixième pièces de la septième
liasse*, toutes deux écrites de la main de Buonarotti.

Par l'un de ces arrêtés, le directoire de salut public
ordonnoit que, le lendemain, les citoyens pauvres que la
tyrannie avoit laissés nus, seroient habillés aux frais

de la République ; qu'à cet effet, les comités révolutionnaires des douze arrondissemens mettroient sur-le-
champ les scellés sur tous les magasins et dépôts de
draps, toiles, habits, souliers, et autres effets d'habil-
lement. Les réquisitions à adresser aux comités révolutionnaires de chaque section pour faire les visites domiciliaires, étoient toutes dressées. La minute, de la
main de Baboeuf, est la *quarante-quatrième pièce de
la septième liasse*.

« Par un autre arrêté, le directoire insurrecteur, consi-
» dérant que le peuple a toujours été bercé par de vaines
» promesses, qu'il est temps de pourvoir enfin efficace-
» ment à son bonheur ; considérant que l'insurrection
» majestueuse de ce jour doit détruire à jamais la mi-
» sère, source perpétuelle de tous les genres d'oppres-
» sion : ARRÊTE que les citoyens pauvres qui sont
» actuellement mal logés, ne rentreront pas dans leurs
» demeures ordinaires ; ils seront immédiatement installés
» dans les maisons des *conspirateurs*. On prendra chez
» *les riches ci-dessus* les meubles nécessaires pour meu-
» bler avec aisance les *sans-culottes*. Les comités révo-
» lutionnaires sont chargés de prendre toutes les mesures
» pour l'exécution. ( Le modèle du billet de logement à
.» donner à chaque sans-culotte est la *quarante deuxième*
» *pièce de la septième liasse*, de la main de Buonarotti.)»

Remarquons que ce sont les maisons des conspirateurs qu'on a indiquées dans le premier article de cet
arrêté ; et quels sont ces conspirateurs ? L'article II
ne les désigne plus que sous la qualification de *riches*.
Tout *riche* étoit donc signalé comme *conspirateur* ; et
qui peut douter du sort qui attendoit tous ces prétendus *conspirateurs*, tous les *riches* ?

Qu'on parcoure les listes que les agens des douze
arrondissemens avoient adressées au directoire secret de
salut public, conformément à ses instructions : on reconnoîtra bientôt que, dans l'intention de ceux qui les

fournissoient, comme de ceux qui les avoient demandées, c'étoient de vraies listes de proscription ; on désignoit les riches et les marchands, les aristocrates, les royalistes, les contre-révolutionnaires , les ennemis de la révolution, les ennemis du peuple. C'étoient , disoit-on , autant d'hommes gangrenés qu'il n'y avoit aucun espoir de convertir ; et que doit-on faire d'hommes qui embarrassent le char de la révolution ?

Consultons , à cet égard, quelques pièces de la correspondance entre Babœuf et Bodson. Celui-ci regrettoit les Hébert et les Chaumette, et regardoit leur supplice comme un crime qu'il ne pardonnoit pas à la mémoire de Robespierre. Que répond Babœuf dans une lettre qui est la *quarante-huitieme piece de la quinzieme liasse ?* Il avoue que lui aussi avoit vu autrefois en noir et le gouvernement révolutionnaire, et Robespierre, St.-Just, etc.; mais son opinion a changé (1). « Je crois, con-
» tinue-t-il, que ces hommes valoient mieux, à eux seuls,
» que tous les révolutionnaires ensemble, et que leur gou-
» vernement *dictatorial* étoit diablement bien imaginé....
» Je n'entre pas, poursuit-il, dans l'examen si Hébert et
» Chaumette étoient innocens : quand cela seroit, je
» justifierois encore Robespierre. Ce dernier pouvoit, à
» bon droit, avoir l'orgueil d'être le seul capable de con-
» duire le char de la révolution. Des brouillons, des
» hommes à demi-moyens, tels qu'un Chaumette, pou-
» voient avoir été apperçus par notre Robespierre, avec
» la volonté de lui disputer la direction du char : alors,
» celui qui avoit l'initiative, a dû voir que ces ridicules
» rivaux, même avec de bonnes intentions, entraveroient,
» gâteroient tout. Je suppose qu'il eût dit : *jetons sous*
» *l'éteignoir ces farfadets importans, eux et leurs bonnes*

------

(1) Il existe de Babœuf des ouvrages où il a parlé du régime de la terreur, du gouvernement révolutionnaire , de tous ses agens avec plus de chaleur qu'on n'en trouve ici contre le projet de renouveler les mêmes horreurs.

» *intentions*, MON OPINION EST QU'IL FIT BIEN. *Un régé-*
» *nérateur* doit voir en grand ; il doit *faucher tout ce qui*
» *le gêne*, tout ce qui obstrue son passage , tout ce qui
» peut nuire à sa prompte arrivée au terme qu'il s'est
» prescrit. Fripons, ou imbécilles, ou présomptueux, ou
» ambitieux de gloire ; *c'est égal; tant pis pour eux :*
» *pourquoi s'y trouvoient-ils ?* Robespierre savoit tout
» cela , et c'est en partie ce qui me le fait admirer , et
» c'est ce qui me fait voir en lui le *génie où résidoient*
» *de véritables idées régénératrices.*

Mais épargnons au public l'odieux rapprochement
que nous pourrions faire des témoignages résultans des
pièces , témoignages qui prouvent que le systême des
Robespierre , des Couthon , des St.-Just, des Carrier,
seroit devenu celui des conspirateurs de floréal ; et dès-
lors on peut juger quel sort attendoit tous ceux dont
les noms étoient portés sur les listes de royalistes , de
contre-révolutionnaires , de vendémiairistes, d'ennemis
du peuple.

Et si l'on conserve quelques doutes , qu'on jette les
yeux sur les listes des patriotes et des démocrates qui
avoient été aussi fournies au directoire insurrecteur par
les agens des douze arrondissemens : on trouvera des
notes des divers emplois auxquels chacun étoit propre ;
on en trouvera de désignés comme uniquement propres
pour *révolutionner*; on en trouvera d'indiqués comme
n'ayant aucun moyen , mais comme *bons pour un*
*coup de main ;* on en trouvera enfin spécialement re-
commandés comme vigoureux et *bons pour exterminer*
*les scélérats.* Or on qualifioit de *scélérats*, dans les
premières listes, ceux qu'on se permettoit de traiter
de *royalistes, vendémiairistes, contre-révolutionnaires.*
Ces doubles listes étoient donc, on n'en peut douter ,
celle des assassins et celle des victimes.

Cette soif de sang étoit tout-à-la-fois, chez les conjurés, un besoin qui leur étoit devenu , pour ainsi dire ,

naturel ; et leur affreuse politique leur faisoit considérer les massacres qu'ils méditoient, comme un moyen nécessaire à la réussite de leurs projets. Dans le résumé des mesures insurrectionnelles, qui est un écrit déja cité, de la main de Darthé, formant la trente-quatrième *pièce de la huitième liasse,* après avoir annoncé que que toút fonctionnaire public qui voudroit exercer ses fonctions, seroit déclaré ennemi du peuple, et à l'instant mis à mort, il est infiniment *essentiel,* continue-t-on ; *il est même capital que quelques actes semblables aient lieu. Il faut aussi que, l'épée tirée, le fourreau soit jeté au loin; il faut prévenir toute réflexion de la part du peuple. Il faut d'abord qu'il fasse des actes qui l'empêchent de rétrograder.*

*Exterminer tous les opposans,* porte une autre pièce ; *la neuvième de la deuxième liasse ,* intitulée : *Instruction principale sur ce qu'il faut faire. Exterminer* ceux qui feroient battre la générale ; *exterminer* tous présidens , secrétaires , commandans de la force armée de la conspiration de vendémiaire , qui seront rencontrés dans les rues. *Toutes autres exterminations ,* ajoutoit-on , *seront déterminées par de nouveaux ordres.*

On arrête , lit-on , dans un projet de la main de Babœuf ( *trente-septième pièce de la septième liasse* ), que le peuple ne se rassoira pas qu'il n'ait abbattu tous ses ennemis.

*Mort aux royalistes et aux constitutionnels de* 1795 , étoit le cri féroce que faisoient retentir les conjurés dans les groupes, dans les clubs ; il terminoit leurs affiches, comme on le voit dans celle dont la minute est la *vingt-neuvième pièce de la septième liasse.*

Enfin , un dernier trait pour compléter cet horrible tableau, se trouve dans la *deuxième pièce de la dix-septième liasse.* C'est Germain qui écrivoit, au nom et pour Guilhem agent du cinquième arrondissement, au comité insurrecteur ; et cette pièce a été recueillie ,

classée, annotée par Babœuf. « J'arrange mes batte-
» ries, lit-on dans le rapport; je suis parvenu à dé-
» couvrir plusieurs ateliers; on s'occcupe maintenant
» à en travailler les ouvriers; le zèle, l'ardeur qu'y
» mettent mes hommes, me donnent une vaste espé-
» rance; déja j'en connois quelques-uns qui prétendent
» *avoir arsouillé.*

» Vous savez, lit-on entre deux parenthèses, vous
» savez toute la valeur de ce terme dans la révolu-
» tion. »

Le soupçonnez-vous, citoyens, et vous, sur-tout,
jurés? Un secret frissonnement ne vous avertit-il pas
d'avance de ce que vouloient dire ces hommes qui
se vantoient d'avoir *arsouillé* dans la révolution, et
ceux qui se félicitoient d'avoir rencontré de pareils instrumens de leurs desseins? Votre imagination effrayée
hésite-t-elle de nous demander la véritable signification
de ce terme que vous présente, pour la première fois,
le dictionnaire de l'anarchie? C'est dans la suite de la
pièce même que nous allons la trouver.

« Ils sont tout prêts », continue-t-on en parlant de
ces hommes qui prétendoient avoir *arsouillé;* « ils sont
» tout prêts à se mettre à la besogne, pourvu que
» ce soit pour tuer les coquins de riches, d'accapa-
» reurs, de marchands, de mouchards et de panachés
» du Luxembourg.

» J'apprends, lit-on encore dans la même pièce,
» qu'il arrive grand nombre de Lyonnais démocrates
» que l'espoir de *bucher* bientôt le Directoire et la clique
» de d'Anglas attire à Paris. »

Après tant de preuves, et des preuves si convaincantes,
qui peut douter que le projet de livrer Paris au pillage,
au massacre, ne fût conçu, arrêté parmi les conjurés?
Peut-on ne pas reconnoître qu'ils avoient concerté toutes
les mesures qui dépendoient d'eux? Peut-on ne pas
voir qu'ils avoient tout préparé pour l'exécution? Et

s'il est permis de douter que Paris eût encore une fois laissé paisiblement égorger ses meilleurs citoyens par une poignée de brigands qui se flattoient, peut-être vainement, d'égarer et d'entraîner la multitude ; du moins est-il avéré que les conjurés comptoient fermement sur le succès de leurs exécrables desseins.

Et quel étoit leur but ? Quel étoit le terme qu'ils envisageoient au bout de cette carrière qu'ils se proposoient de signaler par le pillage, le meurtre et l'incendie ? Quel fruit comptoient-ils recueillir de tant de forfaits ?

Qu'on lise l'*Analyse de la doctrine de Babœuf*, l'un des écrits que nous avons vu avoir été, d'après les ordres du comité insurrecteur, répandus, distribués, affichés avec profusion par les agens révolutionnaires ; on y verra la proscription du droit de propriété ; on y verra le principe de la communauté de tous les biens, de toutes les jouissances, de tous les fruits de la terre, de tous ceux même de l'industrie. (*V*. N°. XXVI.)

Le *Manifeste des Égaux* ( cinquante-deuxième pièce de la septième liasse ) présente l'étrange résumé de la doctrine répandue et successivement développée dans les divers écrits composés, imprimés, distribués, affichés par les conspirateurs.

*Egalité de fait, dernier but de l'art social*, maxime tirée du *Tableau de l'Esprit humain*, par Condorcet, étoit l'épigraphe qu'avoit choisie l'auteur du manifeste... Aussi s'indigne-t-il de ce qu'on pourroit supposer que ceux au nom de qui il écrit « voulussent reproduire cette
» loi agraire déja plus d'une fois demandée avant eux.
» La loi agraire, ou le partage des campagnes, s'écrie-
» t-il, fut le vœu insensé de quelques soldats sans prin-
» cipes, de quelques peuplades mues par leur intérêt
» plutôt que par leur raison. Nous tendons à quelque
» chose de plus sublime et de plus équitable, LE BIEN
» COMMUN, LA COMMUNAUTÉ DES BIENS. Plus de pro-

» priété individuelle des terres ; *la terre n'est à per-*
» *sonne* : nous réclamons, nous voulons la jouissance
» communale des fruits de la terre. *Ces fruits sont à*
» *tout le monde.*

» Disparoissez enfin » , continue, dans son enthousiasme délirant, le *Manifeste des Égaux* ; « disparoissez,
» révoltantes distinctions de riches et de pauvres, de
» grands et de petits, de maîtres et de valets, de gou-
» vernans et de gouvernés ! »

Ici la pitié l'emporteroit peut-être sur l'indignation, si
l'on pouvoit croire que les auteurs de semblables rêve-
ries poursuivissent de bonne foi l'extravagante chimère
d'une communauté de biens ; si l'on pouvoit oublier
par quels forfaits ils étoient déterminés à l'obtenir ; si
l'on pouvoit oublier qu'en proclamant la communauté
de biens avec leurs cris atroces et perfides, ils réveil-
leroient toutes les passions malveillantes et destructives,
iis enflammeroient la cupidité d'une multitude que cet
inévitable prestige ne pouvoit manquer d'égarer. Les
plus déplorables excès, le meurtre, le pillage, l'incendie,
étoient nécessairement les premiers fruits de cette doctrine pernicieuse (1).

Qui oseroit mesurer toute la profondeur d'un pareil
précipice ? qui oseroit calculer tous les terribles effets
de la chûte de cette masse effrayante de prolétaires, mul-
tipliée par la débauche, par la fainéantise, par toutes les
passions et par tous les vices qui pullulent dans une nation corrompue, se précipitant tout-à-coup sur la classe
des propriétaires et des citoyens sages, industrieux et
économes ?

Quel horrible bouleversement que l'anéantissement de
ce droit de propriété, base universelle et principale de
l'ordre social ! Plus de propriété ! que deviennent à

---

(1) C'est ce que reconnoît Antonelle, qui blâme ceux qui prétendoient *exécuter* ce qu'il ne cesse de prêcher.

l'instant les arts ? que devient l'industrie ? La terre n'est plus à personne : où sont les bras qui vont la cultiver ? Qui en recueillera les fruits, si personne ne peut dire : *Ils sont à moi?* Ne voyez-vous pas le brigandage couvrir la terre désolée? Les distinctions et les attributions sociales sont disparues, mais les inégalités de la nature subsistent ; le foible est écrasé par le fort ; et devenant par la nécessité plus féroces que les animaux, les hommes se disputent avec fureur la nourriture qu'ils rencontrent : car comment suffiroit-elle à une population nombreuse, lorsque l'industrie et le commerce cesseroient de suppléer à ce que peut produire la nature abandonnée à ses seuls efforts?

La destruction de l'espèce humaine ; ce qui survivroit, rendu à l'état sauvage, errant dans les bois : voilà la perspective que nous présente le système favori des chefs de la conjuration ; voilà le *bonheur commun* auquel ils appeloient *les frères*, *les égaux* ; et si l'imagination demeure saisie en appercevant dans le lointain l'horrible désert où ils prétendoient nous conduire, n'est elle point également épouvantée des objets lugubres qui tracent la route qu'ils vouloient nous faire parcourir ? C'est à travers les ruines, les cadavres, les tombeaux, que ces monstres se disposoient à nous mener, jusqu'à l'anéantissement absolu de tout ordre social.

Ainsi, lorsqu'un vaste incendie a consumé toute une cité, on ne trouve plus, au milieu des débris encore fumans, que quelques victimes errantes, plongées dans la désolation et le désespoir ; tandis que, dans les repaires voisins, des scélérats se partagent, avec une joie féroce, le butin dérobé aux flammes qu'eux-mêmes avoient allumées.

Mais non, citoyens jurés, cette communauté de biens dont nous venons de vous présenter les déplorables suites, n'étoit point la secrète pensée des conjurés. Ils savoient trop bien que ce rêve atroce n'auroit pas un instant de réalité; qu'eux-mêmes, au premier essai, en auroient été les dupes et les victimes; que, dans ce bouleversement de tout ordre, la puissance s'évanouit comme la propriété. Se saisir de la puissance, étoit leur but : il falloit, pour y arriver, présenter à la multitude l'appât du brigandage, exalter sa fureur par l'attrait d'une subite opulence, appeler à l'instant autour d'eux tous les bras qu'eussent armés la fainéantise et la débauche. Maîtres une fois du pouvoir, ils eussent, comme tous les usurpateurs, comme nos derniers décemvirs, fait descendre sur leurs crédules sectaires le joug d'une tyrannique domination; comme eux, ils se fussent hâtés de réorganiser, s'ils en eussent été capables, un ordre quelconque; et ils n'eussent laissé à la multitude qu'ils auroient égarée que la misère, l'esclavage et les remords, pour partage.

Peuple infortuné ! reconnois donc enfin dans ces flatteurs perfides tes plus cruels ennemis. Apprécie enfin ces prestiges dont ils se fatiguent à tromper ta crédulité ; traduis dans leur véritable sens ces mots imposteurs que leur faux enthousiasme prodigue : *Liberté*, *Egalité*, *bonheur commun*. Quand ce langage est dans leur bouche, crois entendre en sortir ces mots affreux : *esclavage*, *misère*, *désespoir* : voilà, oui voilà le terme où ils te conduisent.

Mais écartons ces tristes images ; cessons de calculer quels pourroient être les effets d'un système plus insensé encore, s'il est possible, que les moyens d'exécution n'étoient atroces ; et ramenant tout ce que nous avons dit à ce qui doit faire le principal, le véritable objet de l'exposé que notre ministère exigeoit de nous, rappelons que, sans avoir tiré aucun avantage des preuves du genre de celles que le débat peut atténuer ou fortifier, telles que les déclarations de témoins, les interrogatoires des accusés, il est déja, nous osons le dire, démontré que le délit qui fait la matière de l'accusation existe.

Après avoir déterminé avec précision quels étoient les vrais caractères du crime de conjuration, nous les avons trouvés tous absolument formés, entièrement développés dans les pièces que nous avons analysées. Nous avons vu l'organisation complète d'un comité se créant un pouvoir, s'attribuant l'initiative d'une insurrection, usurpant l'autorité, la souveraineté nationale. Nous avons vu ce comité déléguant des fonctions, créant des agens, leur donnant des ordres, leur communiquant des instructions; nous avons vu ces agens ayant accepté leur mission, se conformant aux ordres et aux instructions qui leur étoient transmis, envoyant tous les renseignemens qui leur étoient demandés; nous avons reconnu enfin le concert de tous les conjurés, le concours de leurs efforts vers un but commun.

Nous avons vu quels ressorts ils faisoient mouvoir; nous avons vu par quels nombreux moyens ils entretenoient l'effervescence dans le peuple, l'esprit d'indiscipline dans les corps armés; nous avons vu comment étoient organisées des compagnies de grouppeurs, des compagnies d'afficheurs, des clubs, des réunions de tout genre; nous avons vu par combien d'écrits incendiaires et anarchiques les conjurés faisoient circuler leurs affreuses maximes, et disposoient tout pour un soulèvement général.

Nous avons vu tous les préparatifs de l'insurrection: les signaux étoient convenus; les dispositions étoient faites; les armes, les subsistances, étoient amassées: plusieurs fois les conjurés avoient cru toucher au moment de pouvoir éclater.

Nous avons vu qu'ils comptoient tellement sur une insurrection, que toutes les mesures qu'ils se proposoient d'exécuter après le succès, étoient convenues entre eux: et quels étoient leurs horribles projets? La dissolution et le massacre des deux Conseils, du Directoire, de toutes les autorités constituées, le pillage le plus absolu , les proscriptions les plus multipliées ; les victimes étoient comptées, les assassins étoient armés de leurs poignards.

A qui des accusés appartient principalement l'infernale conception de tant de forfaits ? qui d'entre eux s'étoient constitués les chefs des conjurés ? qui d'entre eux avoient accepté d'en être les agens? qui d'entre eux a participé aux mesures d'exécution déja corsommées ? c'est ce que nous ne nous permettrons pas dans ce moment d'examiner. Le débat qui va s'ouvrir, et auquel chaque accusé sera successivement soumis, manifestera sa justification ou achevera sa conviction. Les lumières et l'impartialité des jurés nous sont de sûrs garans qu'ils sauront distinguer l'innocent du coupable : forcés, par le plus rigoureux des ministères, de lever sur la tête de tant d'accusés le glaive de la loi , notre vœu. le plus sincère, c'est qu'une. éclatante et solide défense parvienne à l'en détourner.

DE L'IMPRIMERIE DE BAUDOUIN,
Imprimeur du Corps légiſlatif , place du Carrouſel.